スポーツ医学の立場からみた小学校の体育

100年耐用性のある運動器を育てるために

東京大学名誉教授
日本体育大学名誉教授
中嶋　寛之

NAP
Limited

序文

小学校の体育のあり方に問題意識をもったのは、わが家の子供たちの小学校時代にまでさかのぼります。当時小学校の近くに住んでいた私は、休日には小学校の校庭で子供たちとキャッチボールをしたり、高鉄棒にぶら下がったり、努めて身体を動かすようにしていました。高校時代に体操の経験があったので、ある日たまたま「蹴上がり」をして見せたところ、校庭に散らばっていたよその子たちまでも集まってきたので大変驚いたものです。「この子たちはこういう光景を見たことがないのだ」ということを感じとりました。

小学校の授業では、授業参観日という行事があります。この時も「体育の授業時間が少ないのではないでしょうか」と担任の先生に率直に感じていたことを述べた記憶があります。一般の親よりは体育に対する問題意識が強すぎたのかもしれませんが、医師として「身体を動かすこと」と「食事」には人一倍関心をもち続けてきました。

専門とするスポーツ整形外科の立場からの発言は、１９８２年の日本体育学会のパネルディスカッションにはじまりますが、何とかして子供たちに納得がいく指導が与えられないものか側面から口を挟んできました。

潜在的にこのような疑問をもち続けていたところ、２０１３年、熊本で「子供の未来を支えるスポーツ医学」のメインテーマのもとに日本臨床スポーツ医学会が開催され、会長である熊本大学の水田博志教授から特別講演を依頼されました。

講演に備えて資料を集め、体育関係者や現場の先生方から情報を聴き取り、調査を行ううちに「現在の子供たちがやがて超高齢社会の一員となるとき、今のままの体育のあり方でよいのだろうか」と疑問を強めるようになりました。

スポーツ医学の立場からは、将来の医療・介護において大きな課題となるメタボ・ロコモの対策は、子供の時からのスポーツを中心とした生活習慣が大きな要素を占めていると思います。とくに骨や筋肉の育成には、小・中・高のジュニア時代の運動刺激が欠かせないのに、果たして現在の子供を取り巻くスポーツや体育の環境やあり方は十分だろうか疑問に思います。

平均寿命が80歳から90歳になろうという超高齢社会では、運動器は１００年の耐用性が望まれ、それには科学的エビデンスに則った「身体づくり」が必要となるからです。

また、わが国では医療・介護費用に限らず、年金も含めて社会保障費全体が年々増えつつあり、政府もこの削減に躍起となっていますが、有効な手立てはみつからないようです。高齢になっても健康な身体で働ければ、年金を補うこともできるし、医療・介護の世話になる機会も減ることでしょう。政府をはじめ世間一般では、もっぱら中高年を対象として、メタボ・ロコモ対策のキャンペーンを行っていますが、もっと子供の体育の時間を活用すべきで、中室牧子氏も収益率の高さから幼児教育の重要性を強調しておられます[1)]。

このような理由で超高齢社会における子供たちのスポーツ、とくに体育に焦点を当ててみたわけですが、検討を加えれば加えるほど課題が多いことがわかってきました。

スポーツの中でも、学校体育は公の教科で行われていますので最も有効な機会であります。しかるに指導に当たる先生は、子供の指導は専門であるものの、スポーツ動作などの技術指導では必ずしも専門ではありません。とくに女子では大人の身体になる以前の「お転婆」な時期に様々なスポーツ動作を教えてあげることが、その後のスポーツ習慣に及ぼす影響が大きいのにと思います。

最近、英語教育が小学校から導入されていますが、体育の実技指導のできない先生は、英語の喋れない英語教員とよく似ているのではないでしょうか。

体育では指導要領のみで教科書もありません。政令都市では副読本が使われ、近年のデジタル教材の活用は子供たちの理解を深めていると思いますが、体育そのものの意義を教える科学的な根拠の記載が乏しいように思います。

さらに問題なのは、中学生女子のおよそ2割が体育以外ほとんど運動をしていないという現実です。丈夫な骨をつくるのに最も適した年代を無策に過ごし、その結果、将来の骨粗鬆症予備軍を生み出すのではないかということが心配されます。

スポーツ医学の現場では、スポーツのし過ぎによる女性アスリートの月経異常や疲労骨折が問題となっています。しかしこのような弊害を理由としてスポーツの嫌いな普通の女の子が誤ったダイエットや運動（荷重）不足により骨粗鬆症予備軍となるのはさらに大きな問題です。

スポーツ整形外科というスポーツ選手に多い怪我の治療や予防を専門としてきましたが、自分自身が高齢になり、高齢社会に取り巻かれた日常をみるにつけ、これからのスポーツ整形外科が果たすべき使命を感じこの本に希望を託しました。

二〇一七年八月

著　者

もくじ

序文　iii

1 はじめに　1

＊超高齢社会における小学校の体育のあり方を見直そう。

2 これからのスポーツ整形外科のミッション　5

＊スポーツ整形外科にはもう一つの新たな領域がある。

3 体育・スポーツと時代背景　7

❶「体育」の歴史　7

❷「スポーツ」という文化　8

❸1964東京オリンピックとスポーツ医・科学　9

❹「スポーツ」から「身体を動かす」ことへ　11

❺スポーツ庁の新しい使命　12

＊体育・スポーツ関係者は、体育のもつ価値を改めて見直すべきである。

＊ 児童やプレーヤーの目線に合わせ、楽しさや目標を優先し、「スポーツ好き」を多くつくろう。

4 未来予測からみた健康長寿社会　14
＊ 超高齢社会の未来予測では、グローバルにも高齢社会化と社会保障費の増大が見込まれる。

5 超高齢社会の日本の現状　17
❶ 増大する社会保障費　17
❷ 要介護者の病因　19
❸ メタボ対策と陥穽　21
❹ ロコモ対策と限界　23
＊ 高齢になるほど運動器の疾患による要介護者が増えている。
＊ これらの運動器疾患に対する整形外科的な対応にも限界がある。
＊ したがって、スポーツ・運動などにより運動器の耐用性を向上させ介護予防につなげる。

6 21世紀のスポーツによる運動器の健康　29
❶ 高齢者のスポーツ指導　29

＊　高齢者には特化したスポーツ・運動指導が必要である。また再建手術で効果を上げるには、若い時からの運動器のインフラ整備が欠かせない。
❷ 在職者に必要なスポーツ権　32
＊　在職者には「スポーツ権」の獲得も考慮する必要がある。
❸ 発育期の運動器の健全な育成　34
＊　体育の内容は、年代に応じた、科学的な根拠に基づいたものを提供したい。
❹ 1964東京オリンピック選手の持ち越し効果　41
＊　若い時のスポーツ活動には筋・骨の持ち越し効果がある。
7 諸外国の「子供のスポーツ」に対する取り組み　44
＊　日本では骨粗鬆症予備軍の発生が危惧される。
8 子供のスポーツ・体育の現状 ― 体育の嫌いな子　48
＊　「体育実技」では、体育の嫌いな子をつくらないこと。
9 子供のスポーツ・体育の問題点と対策　56
❶ 子供のスポーツと環境　56
＊　小学校の体育は「楽しさ」を優先した「子供目線」の指導を。

❷体育の指導者　60
＊大人は指導者を選択することができるが、義務教育の子供たちには指導者選択の余地がない。
❸体育と教材　63
＊実技指導では「百聞は一見に如かず」、保健体育では「体育」の科学的説明を。
❹体育と学校制度　68
＊明治と平成とでは子供の骨が育つための準備状態が違う。
⑩日本臨床スポーツ医学会での提言から　70
⑪第2期スポーツ基本計画に対する見解　80
⑫超高齢社会の健康・医療戦略は子供の体育から　83
❶社会保障費を取り巻く意見　83
❷2020東京オリンピック・パラリンピックのレガシー　84
あとがき　86
文献と参考図書　90

1 はじめに

私の医師としてのスタートは、スポーツ医学に関心をもつ整形外科の臨床医として始まりました。

自分自身が学生時代に柔道で傷めた膝の損傷（半月板損傷）を治したいと思い整形外科を受診しましたが、診療内容に飽き足らず、何とか納得のいく治療が受けられるような体制が必要ではないかと考えたからです。大学院を含め、東京大学整形外科教室での10年の研修を経て、１９７０年から関東労災病院に勤務するようになりました。この病院は当時、体育館を思わせるような訓練棟と称するリハビリテーション施設があり、スポーツ医療を行うのに好都合と考えたからです。

外来では体育大学生や実業団の選手などスポーツ損傷で悩む若い人が多く、とくに膝関節損傷では当時まだ前十字靱帯損傷は診断すらつかず、選手生命を絶たれたオリンピック候補選手も数多くみられたほどでした。しかし関節鏡と併用した徒手診断（Nテスト）[2)]により膝前十字靱帯損傷がスポーツ選手に特異的に頻発する怪我で、診断の目処がつくようになると関東労災病院を訪れるスポーツ関連の患者さんが多くなり、一般整形外科のなかで診療を続けることには無理が生じてきました。

１９８０年「スポーツ整形外科」という診療科を創設しましたが、集中的にスポーツ診療を行うことにより医療内容の精密さと深みを増し、納得のいく対応ができると考えたからです。

わが国で初めてのこの試みは、柳田邦男さんの「最新医学の現場」[3)]でも取り上げられ、現在ではスポーツ整形外科を標榜する診療科は全国いたる所にみられるようになりました。30有余年経過した今日、振り返ってみれば、スポーツ整形外科がこれだけ市民権を得られたのは、スポーツに復帰したいという患者目線のいうなれば**患者ファーストの医療**であったからだと思います。

１９７０年から１９８０年にかけては、１９６４年に開催された東京オリンピックの影響や第一次ジョギングブームもあり、若い競技選手のみならず市民のスポーツも盛んになり、臨床的なスポーツ医学が全国的にクローズアップされてきた時期であります。折から準備中であった日本体育協会のスポーツドクター制度が１９８２年に発足しました。

この制度を中心となって推進されていた東京大学の黒田善雄先生（内科医師）から勧められ、この年に私は関東労災病院から東京大学教養学部の保健体育科へと移りました。日本体育協会まで歩いて行ける距離にある駒場の体育科は、スポーツ行政にからむ仕事ができるという環境の点でもまた魅力的な勤務先でありました。

たまたまその年に第33回日本体育学会が東大駒場のキャンパスで開催され、組織委員会のプログラムで「体育・スポーツにおける科学と実践の接点」というパネルディスカッションが組まれました。

パネラーとして『スポーツ整形外科の立場から』という演題名で発表を課せられた私は、「小学校の体育に関して、女子高学年は一生を通じて最も身体活動の活発な時期と思われる。この時期にレベルの高いスポーツ技術の指導ができないか。また男女共通してマット運動、柔道の受け身動作などを教えることにより、骨折やその他の外傷を減らすことができるであろう」など、将来のスポーツ活動における安全対策を視野に入れた発言をしました。それは当時非常勤講師で健康相談に当たっていた日本体育大学で、器械体操の実技の時間にハンドスプリングの着地（伸膝位）の際、膝前十字靱帯を損傷する一般の学生（体操以外の）が頻繁にみられていたからです。小学生の女子のようにまだ中性的な身体つきのとき、また一番活発でスキルが向上するときに然るべき指導者が指導しておけば、大学生になってリスクが大きくなってからの怪我を未然に防げる、というのが主旨であります。

しかし別のパネラーである小学校の先生（女性）は、「小学校の教育は全人教育ですから」、というような発言があり、専科指導の導入には否定的であったので、なるほどそういう立場もあるのかと、その時は釈然としないながらも永く疑問を持ち続けてきました。

小学校の体育は必ずしも競技選手の育成のためではないし、事実、運動の苦手な子は音楽や読書のように文化・芸術などの分野で能力を伸ばす例も考えられるからです。しかしサッカーで転び前腕を骨折したり、身体の大きなバレーボール選手が回転レシーブで苦労するなど、競技選手の外傷予防や競技力の向上という点では、小学校の段階で安全な転び方や身のこなしを身に着けることは将来必ず役に立つだろうという思いは強く、その後も「発育期のスポーツ損傷」に関するテーマで講演を依頼された際には、小学校体育指導のあり方についても改善策を訴え続けてきました。

ところが21世紀の超高齢社会に入り、思いもよらぬことが起きたのです。

超高齢社会に入り平均寿命が伸びるとともに**骨の弱化や関節の疾患**、また**サルコペニア**（筋肉減少症）など、運動器の障害が介護要因として見逃せないものとなり、２００７年、日本整形外科学会は**ロコモ症候群**[4]という概念を提唱するにいたりました。その時点で、私は小学校の体育のあり方に別の視点（健康スポーツ医学）から発言する責任を感じるようになりました。

この本では、スポーツ整形外科という立場から、未来の高齢者となる子供たちを前にして小学校の体育のあり方に思いを致した点についてまとめてみました。

多くの方々が実情を知るとともに問題意識をもち、解決のためのムーブメントが起こることを期待しています。

＊ 超高齢社会における小学校の体育のあり方を見直そう。

2 これからのスポーツ整形外科のミッション

スポーツ整形外科の対象者は主に競技選手やスポーツ愛好家であり、スポーツ損傷の治療や予防が主な仕事の内容となります。スポーツ庁の第2期基本計画[5]をはじめ、さまざまな論文でもわが国のスポーツ参画人口の二極化が問題となっていますが、一般にスポーツ整形外科では「スポーツをし過ぎる人（子供）」がターゲットとなります。前述のように１９８０年に関東労災病院にスポーツ整形外科が創設されてから、各地にスポーツ整形外科を標榜するクリニックがみられるようになりました。これから２０２０年の東京オリンピックを控えていますので、スポーツドクター制度やスポーツ医学会の活動をみていても、競技にまつわる「競技スポーツ整形外科」を専門とするスポーツ診療はますます充実されていくと思います。

一方で、喫緊の課題として取り組まなければならないのは、この本の命題である健康長寿社会のためのスポーツ医学で、「スポーツや体育の嫌いな人（子供）」あるいは「スポーツをしない人（子供）」を対象とした「健康スポーツ整形外科」ともいえる領域です。最近のスポーツ庁の基本計画に基づいた数字では「スポーツが嫌い・やや嫌い」な中学生は16・４％に達しています。私は後述する理由により、この子たちは、将来健康長寿社会に適合できるだろうかと危惧しています。

発育期の適切な運動による神経～骨関節～筋肉への刺激は、然るべき年代で与えられないと十分な効果が得られません。とくに骨関節・筋肉などの運動器の健全な育成は、体育と同様整形外科にとっても共通の目標であり、そのための知識を共有しなければならないと思います。「健康スポーツ整形外科」というのは、一般の整形外科よりさらに体育に近づいた整形外科で、これからの体育は健康長寿社会を目指すための医療の入り口にある、きわめて重要な位置を占めていると思っています。

＊スポーツ整形外科にはもう一つの新たな領域がある。

3 体育・スポーツと時代背景

「体育」というと何か古めかしい時代遅れのイメージをもつ人もいらっしゃるかもしれないので、ここで「スポーツ」など「身体運動」を含めて歴史的に振り返ってみることにします。

❶ 体育の歴史

体育の歴史は1872年、明治政府の近代学校制度の導入から始まります。各地の学校がすべて文部省の管轄となり、1876年に初めて文部省雑誌に「体育」という文言が登場します。1878年には「体操伝習所」（現在の筑波大学の前身）が設立され、アメリカから招聘されたリーランド医師が指導に当たり、その内容は、軽体操と学校体育の普及で、保健的内容が強かったといわれています。

1883年には徴兵令が改正され、兵役が延長されるなど、時代の波は国家主義的傾向を帯びてきます。1915年東京高師に文科・理科が設けられ、その他に特科として体育科が置かれ、初めて体育が認知されます。この間のわが国の体育、さらにオリンピックをめぐる経緯には、後に初代の大日本体育協会会長となる嘉納治五郎氏の関与が大きく、その後の日本におけるスポーツのあり方にも大きな影響を及ぼしていることは特筆されなければなりません[6]。

１９３２年ロサンゼルスオリンピックが開催され、この時のＩＯＣ総会で日本は東京オリンピック開催に立候補します。しかし１９３６年ヒットラーによるナチスドイツの国威発揚に利用されたベルリンオリンピック、さらに１９３７年の日中戦争の勃発などの影響を受けて、日本はオリンピック開催を返上し、１９４０年の東京オリンピックは「幻のオリンピック」となったのです。

つまり１９３０年代は、スポーツ医学も体育あるいは体力に関する医学が中心で、国際情勢も反映して体格・体力・栄養・運動生理など、いかに国民の体力を増強するかという富国強兵につながる基礎研究が盛んに行われていました[7]。

したがって、当時の日本のスポーツあるいは身体運動の特徴は、①**官主導であり**、②個別の競技・運動はあったものの、**富国強兵につながるものとして「体育」が利用された面もあった**といえます。

❷スポーツという文化

余暇や遊びが優先される「**スポーツ**」**という概念は昭和になってから**[8]のようであり、わが国にスポーツという文化が根づくには、歴史的にもまだ浅いと思われる出来事が最近でも起こっています。

例えば体育から導入された日本のスポーツ界では、体罰や不祥事が社会問題としてメディアを賑わしています。これなどは、富国強兵時代のいわば管理者目線に立った鍛錬やしごきの悪弊が体育と結びついて残ったものであり、これからの体育やスポーツを考えるうえで注意しなければならない重要な視点となります。

体育やスポーツの指導者は、指導を受ける**児童やプレーヤーの目線に合わせて利用者の楽しみや目標を優先**しないと、スポーツが一般大衆に好かれるものとはならないでしょう。

戦前から戦後に移り１９４５年敗戦後、疲弊した国民体力の建て直しに１９４６年第１回国民体育大会が開催され、体育からスポーツへと概念が混在する時代が続きます。

❸１９６４東京オリンピックとスポーツ医・科学

１９６４年には東京オリンピックが開催されますが、オリンピックは一般市民にはスポーツを広く認識させ、また、スポーツ界にはスポーツ医・科学の重要性を認知させせました。

一方１９６８年には、アメリカで、クーパー博士によりエアロビクス理論が報告されました。有酸素運動を日常の運動習慣に取り入れ、心臓循環器系疾患の予防に役立たせようという考えは、スポーツを大衆にとってより身近な好ましいものとし、わが国にも第一次ジョギングブームをもたらすなど、市民スポーツの台頭を促しました。

スポーツの大衆化は競技スポーツと市民スポーツの隆盛に繋がり、スポーツ損傷も多彩となり、整形外科的な対応が必要とされ、１９７５年「整形外科スポーツ医学研究会」が設立され、１９８７年には現在の「日本整形外科スポーツ医学会」が発足しました。

このような**競技スポーツと市民スポーツの隆盛**は、スポーツ損傷のほかに「アンチドーピング」、「突然死対策」など臨床的なスポーツ医学の必要性をもたらし、スポーツドクター育成の機運が高まりました。

とくにアンチドーピングなどでスポーツ現場からの要請が最も強かった日本体育協会が１９８２年に、これに触発され１９８６年には日本整形外科学会、１９９１年には日本医師会がそれぞれ独自のスポーツ医・スポーツドクター制度を発足させました。しかし三者三様の制度ができたので共通の土俵づくりが必要と考えられ、１９８９年に「日本臨床スポーツ医学会」が発足しました[9]。

また余談ながら、この年は世界的にもさまざまな出来事が起こった年で、ヨーロッパでは東西ベルリンの壁が除かれ、中国では天安門事件が勃発し、日本経済は日経平均３万８千９１５円と、現在の株価の倍となる史上最高値をつけ、スポーツ界では日本体育協会とＪＯＣが分離するなど画期的な年でした。

❹「スポーツ」から「身体を動かす」ことへ

しかし1991年にはバブルが崩壊し、国は経済的なダメージを受け、さらに悪いことに同時に高齢社会を迎えたわが国は、医療・介護費の増大により国家財政の危機が叫ばれるようになります。

ここで国策としてのスポーツ医学が大きくクローズアップされてきます。すなわち医学的課題である生活習慣病に対して、薬剤を投与する代わりに運動を処方するという**「運動処方」による「健康体力づくり」の考え方が導入**され、医療費の削減につなげようというわけです。

厚労省は2002年、健康増進法を公布し、さらに2006年にはエクササイズガイドを示し、2008年には、肥満・高血圧・高脂血症・糖尿病などの**「メタボ」対策**として、特定健診・保健指導の実施をはじめます。

やがて超高齢社会（2007年の高齢化率21・5％）へと突入し、介護費用の増大も問題となり、2007年日本整形外科学会が骨粗鬆症・脊柱管狭窄症・変形性膝関節症・サルコペニアなどを主疾患とする**「ロコモ症候群」を提唱**するにいたるわけです。

2011年にはスポーツ基本法が制定され、2015年にはスポーツ庁が設置されました。

これまでの体育を取り巻く歴史を総括すると、「明治の体育」に始まり、「昭和のスポーツ」へという用語の変遷だけでなく、スポーツなどの運動を取り巻く意識も時代の要請により変わりつつあるといえます。

さらにいえば、現在でも、例えば○○体育協会から○○スポーツ協会のように名称変更の傾向がみられています。しかし21世紀のスポーツや運動に求められる意識としては、平成では体育・スポーツ・身体運動を含め「身体を動かすこと」、そしてこれまでの省庁の枠を乗り越えた共通の目標としての象徴が「スポーツ庁」に求められています。つまり平成の超高齢社会で健康長寿を目指すには、「**スポーツから身体運動へ**」という意識の変化が必要になります。

❺ スポーツ庁の新しい使命

ここで私が強調したいのは、**とかく過去のものというイメージを浮かべられがちな「体育」ですが、超高齢社会の現在では新たな使命を担って登場した**ということです。後で述べるように、公教育における体育の授業は、義務教育として否応なしに定期的に身体を動かす時間になっています。体育以外にはあまり身体を動かさない子供たちが16・4%もいて、国も何とか運動習慣を身に着けさせたいと考えるならば、もっと体育の時間のあり方を考え直し、授業内容を充実させ、生涯のスポーツや身体運動の生活習慣化を動機づける絶好の機会として捉えるべきです。後に述べるように、諸外国が今後高齢化とそのもたらす影響に対策を講じなければならないとき、現在の体育のあり方には、不本意ながらも制度としては確立されている「学校体育」を先人の意図を汲んでわれわれは活かしていくべきです。

＊ 体育・スポーツ関係者は、体育のもつ価値を改めて見直すべきである。
＊ 児童やプレーヤーの目線に合わせ、楽しさや目標を優先し、「スポーツ好き」を多くつくろう。

4 未来予測からみた健康長寿社会

ここで今後の医療や介護に関連した未来予測がグローバルな規模でどのように行われているかその動向をみてみたいと思います。

まず、「エコノミスト」誌[10)]の予測によれば、２０５０年頃には、「富裕国では１００歳ぐらいまで生きることが普通になる」そして、「高齢化」による肉体の虚弱化と「肥満化」による糖尿病などが世界の趨勢になるとしています。

ノルウェーの未来学者ヨルゲン・ランダース[11)]は、①再生医療・遺伝子治療の進歩、②慢性疾患に対する縦型の組織による治療、などをあげていますが、これは後に結論的に触れるところの「一生を通じてのヘルスケアシステム」と受け止められます。

アレックス・ザヴォロンコフ[12)]は、「The Ageless Generation – How Advances in Biomedicine Will Transform the Global Economy」（邦題「平均寿命１０５歳の世界がやってくる」）という著書で、長寿社会は果たして幸せか、ということを問題提起しています。すなわち「世界中どの国でも、医療費など国庫負担の社会保障費がますます重荷になっている。このまま放置すれば、若年層の負担は増えるばかりだ」さらに「勤務年限が増えて生産に従事する期間が5年も長引けば、社会保障や医療費の国家負担も何年か先延ばしできる」と続けています。そのなかで運動を含めた健康管理は、適切な肥満対策と同様に重要な研究対象の一つとしてあげられています。まさに健康管理による健康寿命の延伸が、これからの健康長寿社会の迎え方として期待されているわけです。

いずれにせよ〝グローバルな高齢社会化と社会保障費の増大〟は免れず、国家は「高齢化に伴う財政支出の増大」に悩み、ニーアル・ファーガソン（ハーバード大学の歴史学者）も、「米国の予算配分が国防費から社会保障費へ向かう根本的な変化が起きていることを見逃すべきでない」（日本経済新聞2014・11・24）、と述べています。

未来的には、これからの人間は、高齢になってからも体力を保ち、**医療面も**さることながら**経済的にも自立**していることが望まれるわけです。

さらにリンダ・グラットンとアンドリュー・スコット[13)]の共著による「Life Shift ― 100年時代の人生戦略」では、「2007年に日本で生まれた子供の半分は107年以上生きる。人々が70代後半や80代になっても活力と生産性を失わず、長く働き続けられれば、年金問題や人口減少の弊害はだいぶ和らぐ」と、述べています。

超高齢社会のわが国ですが、2016年現在の平均寿命は男子が80・98歳、女子が87・14歳で過去最高を更新しています。しかし健康寿命との差はそれぞれ約9年、13年あり、健康寿命の延伸により経済的な自立が図れるような健康戦略を立てることが課題といえましょう。

したがって、これからの日本は「年金・医療・介護（厚労省）の立場からスポーツ行政（文科省）を考える」というスタンスが必要となります。

＊ 超高齢社会の未来予測では、グローバルにも高齢社会化と社会保障費の増大が見込まれる。

5 超高齢社会の日本の現状

超高齢社会の未来予測の結論として〝グローバルな高齢社会化と社会保障費の増大〟を先ほどあげましたが、日本の現状と対策はどうなっているでしょうか。

❶ 増大する社会保障費

図1はわが国の社会保障費の推移を示したものです。

２０１５年（平成27年）の１１６兆円に対して、10年後の２０２５年（平成37年）には１４１兆円と予測されています。これには、年金、医療費、福祉その他（介護保険費）などの総額が示されています。この中には相互扶助である保険料などが含まれているので、公的資金の税金などによる「純粋の国家予算」は約１００兆円で、そのうちの３割（30兆円）程度が社会保障費に相当し、その額が毎年増大しているのが現状です。また国家予算の収入の半分近くが国債という借金で賄われ、累積する国家債務は1、０００兆円以上にも達しているのが大きな問題となっているのは周知の通りです。

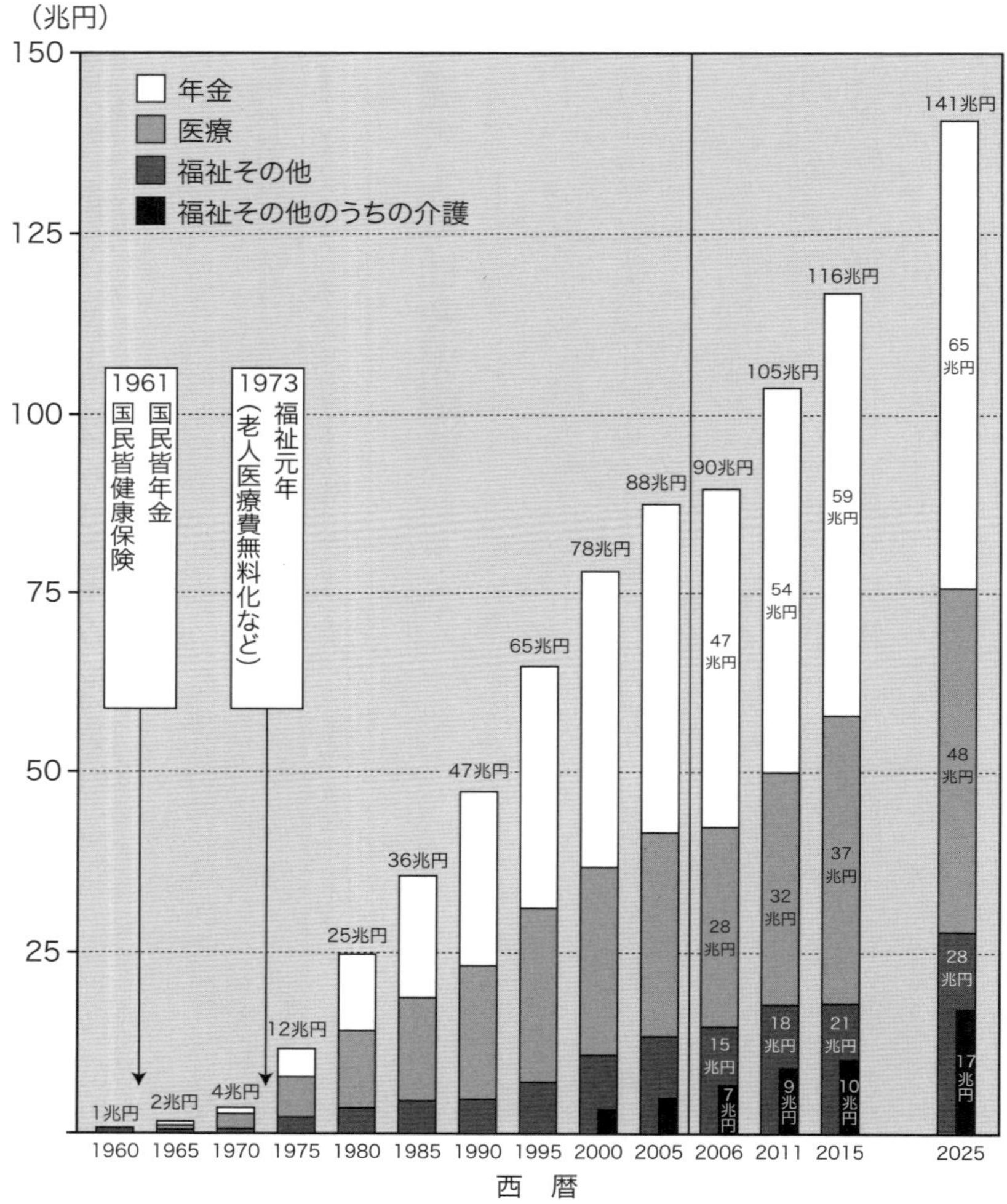

図 1　わが国の社会保障費の推移（財務省）

2015 年（平成 27 年）の 116 兆円に対して、10 年後の 2025 年（平成 37 年）には 141 兆円と予測されている。超高齢社会においては社会保障費に含まれる年金、医療費、福祉その他（介護保険費）などの額が毎年増大しており、大きな問題となっている。

グレン・ハバードとティム・ケイン[14)]の共著による「Balance」（邦題「なぜ大国は衰退するのか」）では、「日本は維持できない規模の国家債務を抱えたことで、大国が衰退する一般的な道のりを歩んでいる」とさえ警告を発しています。

その債務の主因は、先ほども述べたように増え続ける社会保障費で、未来学者が指摘する通りです。

このような社会保障費の増大に対して、抜本的な社会保障制度の改革については各方面で叫ばれていますが、医療費に関しては70～74歳の自己負担を1割から2割に増やしたり、介護費に関しては一定以上の所得のある人の介護サービスの自己負担を1割から2割、さらに平成30年には3割に増やすとか小手先の抑制政策しかみられません。新浪剛史氏も「国には平均寿命ではなく、日常的に介護を必要としないで自立した生活ができる『健康寿命』を延ばす施策を打って欲しい」（日本経済新聞２０１５・12・30）と述べています。繰り返すようですが、健康寿命を延ばし70歳後半から80歳位まで働ける身体をつくり、結果的に経済的自立と医学的自立とを達成するには、子供の時からの体育の時間を効果的に用い、運動習慣と健康教育の動機づけに活用するのが最も適切ではなかろうかと思います。

❷ 要介護者の病因

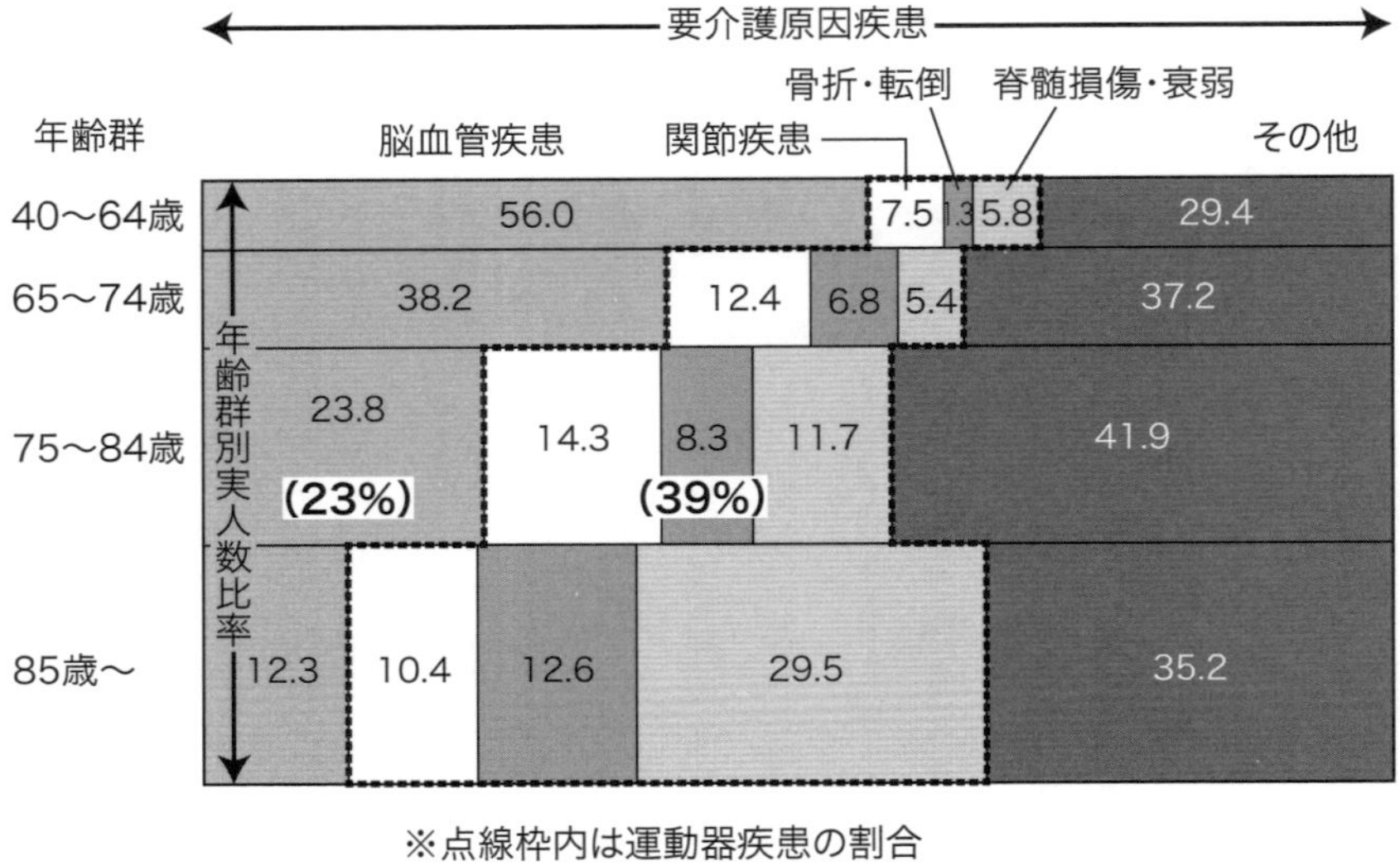

図 2　要介護者の病因と年齢分布（林　恭史. 高齢者の介護と運動器障害の現状. Modern Physician 2010; 30: 470-472 より引用）
要介護となる原因疾患としては、脳血管疾患（23%）より関節・骨折・転倒・衰弱など運動器疾患によるもの（39%）のほうが多い。

図2は要介護となった人の原因[15)]を年齢別に示したものです。

前期高齢者を含め74歳までの比較的若い年齢では、脳卒中などの脳血管疾患を介護要因とする人が多いのですが、75歳以上の後期高齢者になると関節疾患・骨折・衰弱などの運動器の機能不全による要介護者が多くなり、85歳以上とさらに年齢が高くなるほどこの傾向は強くなり、骨のもろさ（骨粗鬆症）や筋肉の萎縮（サルコペニア）などの運動器疾患が原因となっていくことが読み取れます。

脳卒中（脳梗塞・脳出血・くも膜下出血）の遠因には、肥満・高血圧・高脂血症・糖尿病などの、いわゆるメタボリックシンドローム（メタボ症候群）などがあげられます。

一方、超高齢になると、「関節疾患・骨折・衰弱など」が原因で、骨や筋肉・関節などの運動器官の具合が悪い人が多くなり、「歩いたり」「移動したり」という「日常生活動作」に支障をきたすことが多いので、ロコモティブシンドローム（ロコモ症候群）と呼ばれているわけです。

健康で長寿を目指すには、これらの健康寿命を妨げる原因を取り除く必要がありますが、その有力な手段としてスポーツ活動を生活習慣に取り入れることが期待されているのです。

それでは、スポーツをどのように活用すればよいか、述べてみたいと思います。

実際にスポーツや身体運動を活用する戦略としては、**身近な成人を対象とした短期的なもの**と、**子供から高齢になるまでを対象とした長期的なもの**とに分けられます。

まずはじめに、身近な問題であるメタボやロコモに対してスポーツをどのように活用すればよいか、話を進めます。

❸ メタボ対策と陥穽

メタボ（リックシンドローム）とは、川でいえば「肥満」が上流にあり、その結果として生じる「高血圧・高脂血症・糖尿病」などが下流に置かれ、それらをひとまとめにして呼ぶものです

メタボ症候群
（メタボリックシンドローム）

1）肥　満
2）高血圧
3）高脂血症
4）糖尿病

↓スポーツ・運動が勧められる

スポーツ型：ゴルフ・テニス・ジョギングなど
身体運動型：スポーツジムを利用したトレーニングなど
日常動作型：ウォーキングや庭いじりなど
混　合　型：上記を組み合わせたもの

図３　メタボ対策と運動の種類
はじめやすい運動として「ウォーキング」が勧められるが、とくに高齢者では膝痛や腰痛を誘発する人が多いので注意が必要である。

（**図３**）。脳卒中や心臓疾患などに結びつくので、介護要因のみでなく死亡原因としても対策を講じなければなりません。

食生活も重要ですが、同時にスポーツや運動をする習慣をつけることが勧められます。

運動内容としては、ゴルフ・テニス・ジョギングのようにスポーツを取り入れてもよいし（スポーツ型）、スポーツジムを利用して身体を動かしトレーニングをする（身体運動型）、ウォーキングや庭いじりをする（日常動作型）、あるいはこれらをうまく組み合わせたもの（混合型）など、人によって様々なスタイルが考えられます。

通常、一番手っ取り早い運動として「ウォーキング」が勧められますが、注意しなければならない点が一つあります。それは、高齢者では潜在的にロコモ症候群があり、膝痛や腰痛を誘発する人が多いので、結局は後述のロコモ対策に集約されてくることが多いという点です。

❹ ロコモ対策と限界

ロコモの基礎疾患には、①変形性膝関節症、②脊柱管狭窄症、③骨粗鬆症、④サルコペニアがあげられています。

膝痛の原因としては潜在的に変形性膝関節症があり、長時間のウォーキングなどによる負荷が、筋肉の疲労と関節への負担をもたらし痛みを誘発するのです。その対策としては、補助的な膝関節節周辺の筋力トレーニングによって、あらかじめ**筋肉のサポーターとしての機能を強化しておく**ことが必要です。また腰痛を引き起こす背景には脊柱管狭窄症や骨粗鬆症などがあげられます。サルコペニア（筋肉減少症）では、全身あるいは局所に筋肉の萎縮がみられ、筋肉のサポーター機能の低下により腰痛や関節痛が生じる原因となります。いわゆる**フレイルやロコモの背景には、多かれ少なかれ筋肉の萎縮がみられ**、全身あるいは部分的な筋力が低下し、結果としてこれらの症状を引き起こすことになります。

とくに**女性は、「骨粗鬆症」になる人が多く**みられます。その理由としては、月経が終わる頃（閉経期）から女性ホルモンが少なくなることがあげられます。女性ホルモンは骨が脆くなるのを防ぐ作用があるのに、これが減少することでより急速に骨が脆くなるのです。

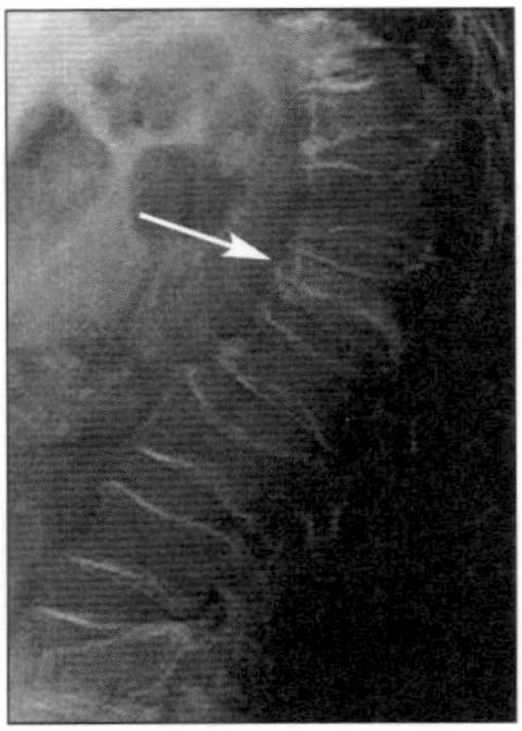

ロコモ症候群
（ロコモティブシンドローム）

1）**変形性膝関節症**：筋力トレーニング、水中運動、手術

2）**脊柱管狭窄症**：固定式自転車、手術

3）**骨粗鬆症**：適切な荷重運動（とくに 10〜18 歳）、食事（タンパク質とカルシウム）、日光浴

4）**サルコペニア**：筋力トレーニング

※ 共通して運動器のトレーニングが有効
※ 高齢者に特化した指導者が必要（スポーツ医、理学療法士、健康運動指導士の連携）

図 4　ロコモ対策と骨粗鬆症
ロコモの基礎疾患には、変形性膝関節症、脊柱管狭窄症、骨粗鬆症、サルコペニアがある。とくに女性は、「骨粗鬆症」になる人が多い。予防には，運動器のためのトレーニングが有効である。左の骨粗鬆症の X 線写真では、全体として骨が疎で矢印の部分が骨折している。

図4の写真では、骨が全体として疎で、矢印の部分に圧迫骨折がみられます。

骨粗鬆症を予防するには「子供の時からの運動」が必要で、小学校高学年から高校生ぐらい（10～18歳）にかけての、飛んだり跳ねたりというジャンプなどの荷重刺激が効果的です。

骨を鉄筋コンクリートになぞらえると、骨は鉄筋に相当するタンパク質と、コンクリートに相当するカルシウムとからできています。そのため、荷重刺激に加えて、これらを含んだ食事を摂取することや、骨の強化に役立つ日光浴などは大人になってからでも重要となります。

またサルコペニアを防ぐには、**若い頃から筋肉を鍛えて、筋肉を貯め老後に備**

■スクワット

①の姿勢を保ちながら椅子に腰掛けるようにお尻をゆっくりと下ろす。膝は曲がっても 90°を超えないようにする。腹筋や背筋，太ももの後ろの筋肉に力が入っているかを確かめながら行うとよい。動作はゆっくりと行う。呼吸は深呼吸をするように，ゆっくりお尻を下ろすときに息を吐き，立つときに息を吸う。

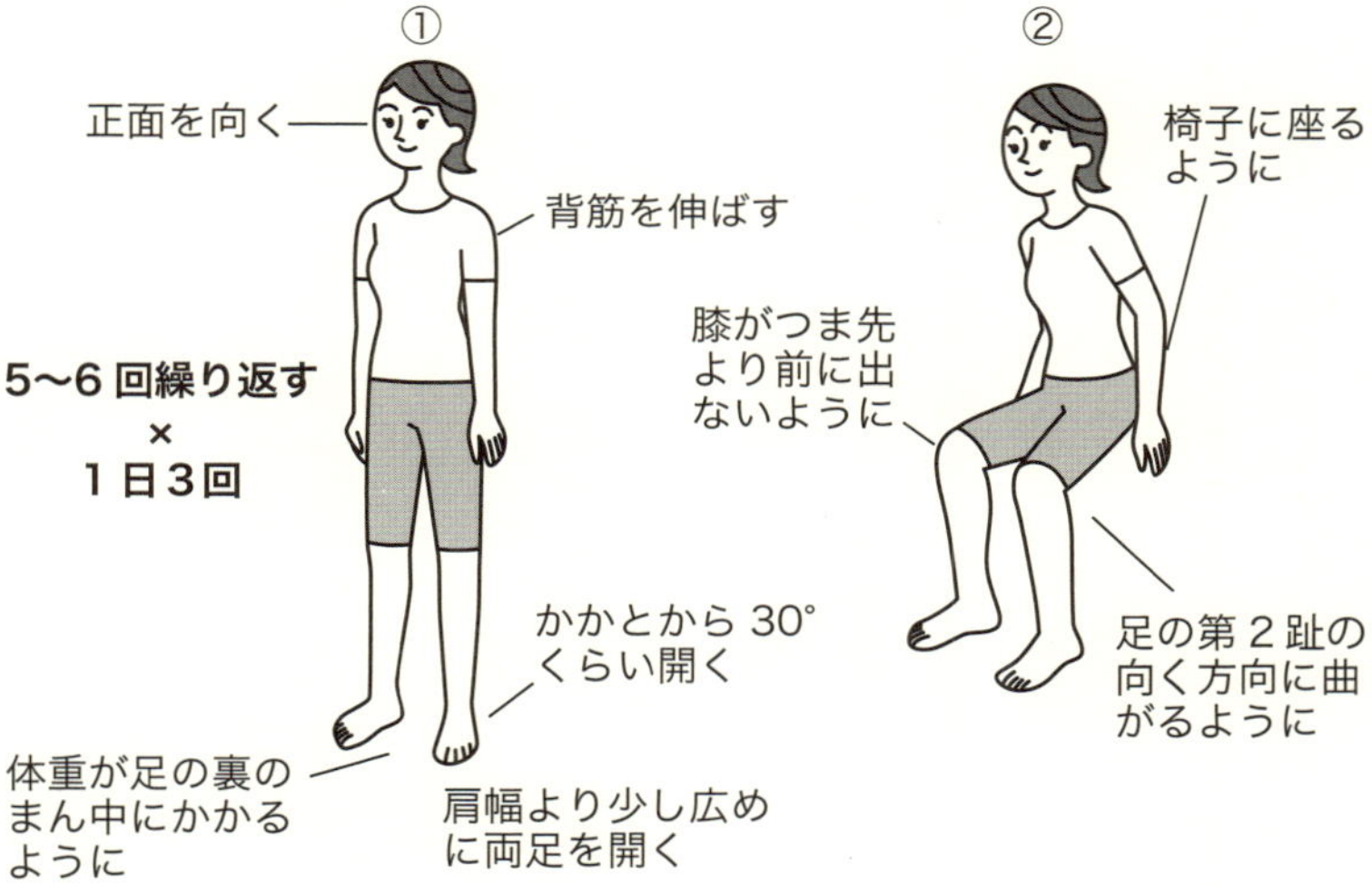

■ダイナミックフラミンゴ療法

片方の脚で，左右各 1 分間ずつ立つ。足は大きくあげる必要はない。脚は前方にあげてもよい。

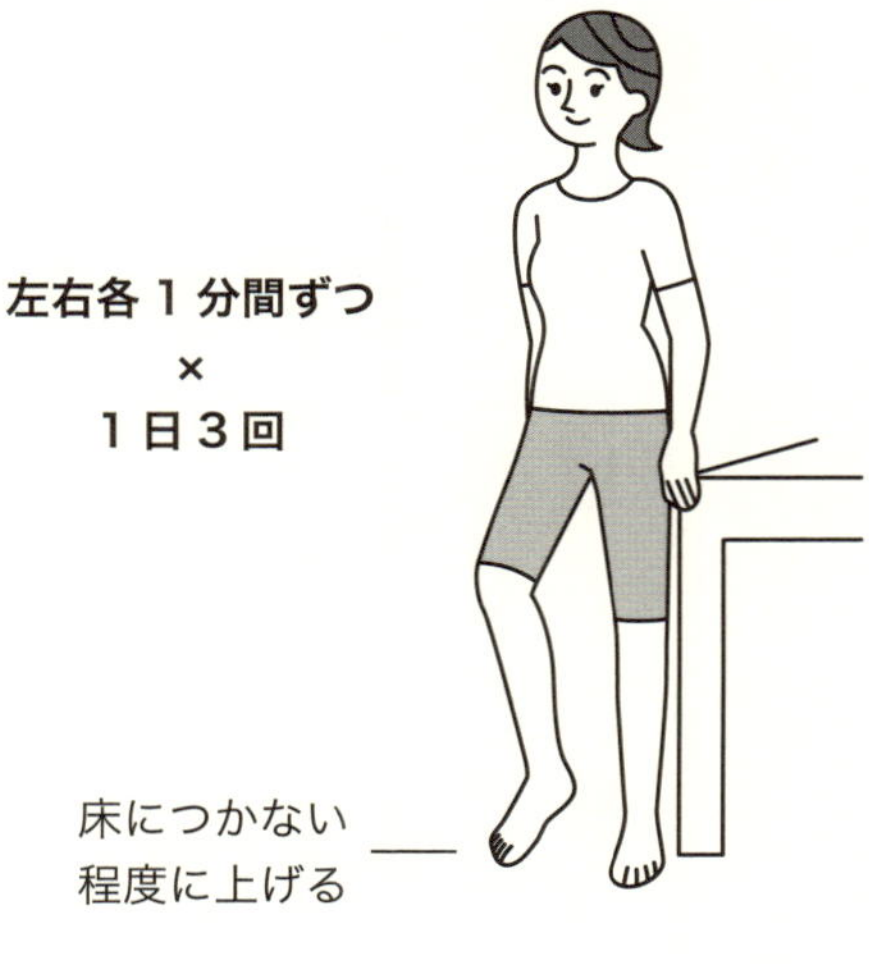

図 5　ロコモ対策トレーニング

えるという考え方が必要で、これをお金に例えて『**貯筋**』というわかりやすい言葉で置き換えられてもいます。

とくに筋力は、高齢になってからでもかなり鍛えられることがわかってきました。このような新しい情報がどんどん出てきていますので、あきらめないで高齢になってからでも努力することと、できれば若い時の筋活動で下地をつくっておくことが望ましいのです。

図5はロコトレ（ロコモ対策トレーニング）と称して日本整形外科学会が勧めている運動です。外出ができないような人でも自宅で行える内容になっています。

一つはスクワットで、なるべく頻回に、もう一つはダイナミックフラミンゴ療法といって、片脚立ちを1分間、左右交互に3回ずつ行うものです。危険防止のために目は開けて、またいつでも椅子や机などにつかまれる体勢で行ってください。

しかしこれらの筋力トレーニングによる運動療法や投薬・理学療法などでも軽快しないことも多く、そのような例では、最終的に手術的治療が行われることになります。

図6は変形性膝関節症に対して人工関節を挿入する手術を行ったのですが、骨が脆いためその上で折れてしまった例で、東京都健康長寿医療センターからお借りした症例です。また**図7**は大腿骨頸部骨折（大腿骨のつけ根の骨折）の際に人工骨頭挿入手術を行ったのですが、その下部で骨頭を支持する部分の骨が脆いため骨折した例で、名戸ケ谷病院からお借りした症例です。この二つの例は通常であれば手術は成功し、痛みもなく日常生活に復帰することが期待できた例です

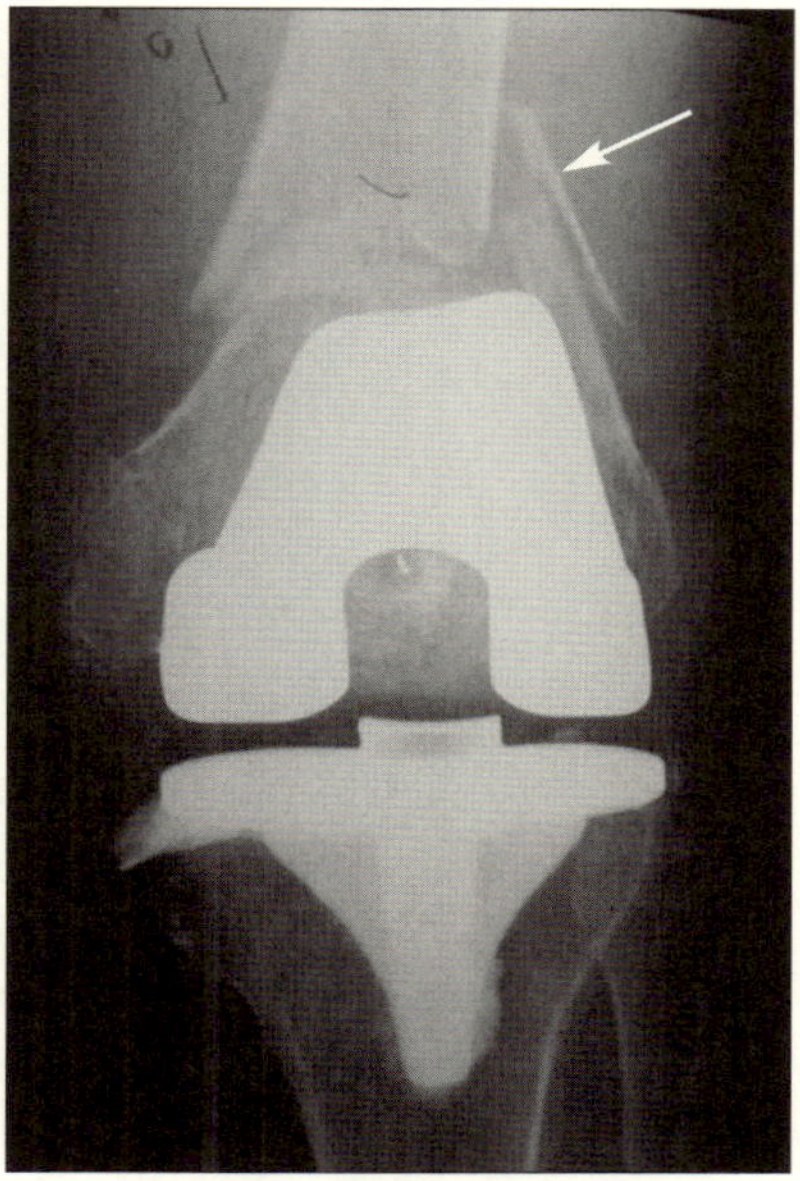

図６　人工膝関節手術後の骨折（東京都健康長寿医療センターのご厚意による）

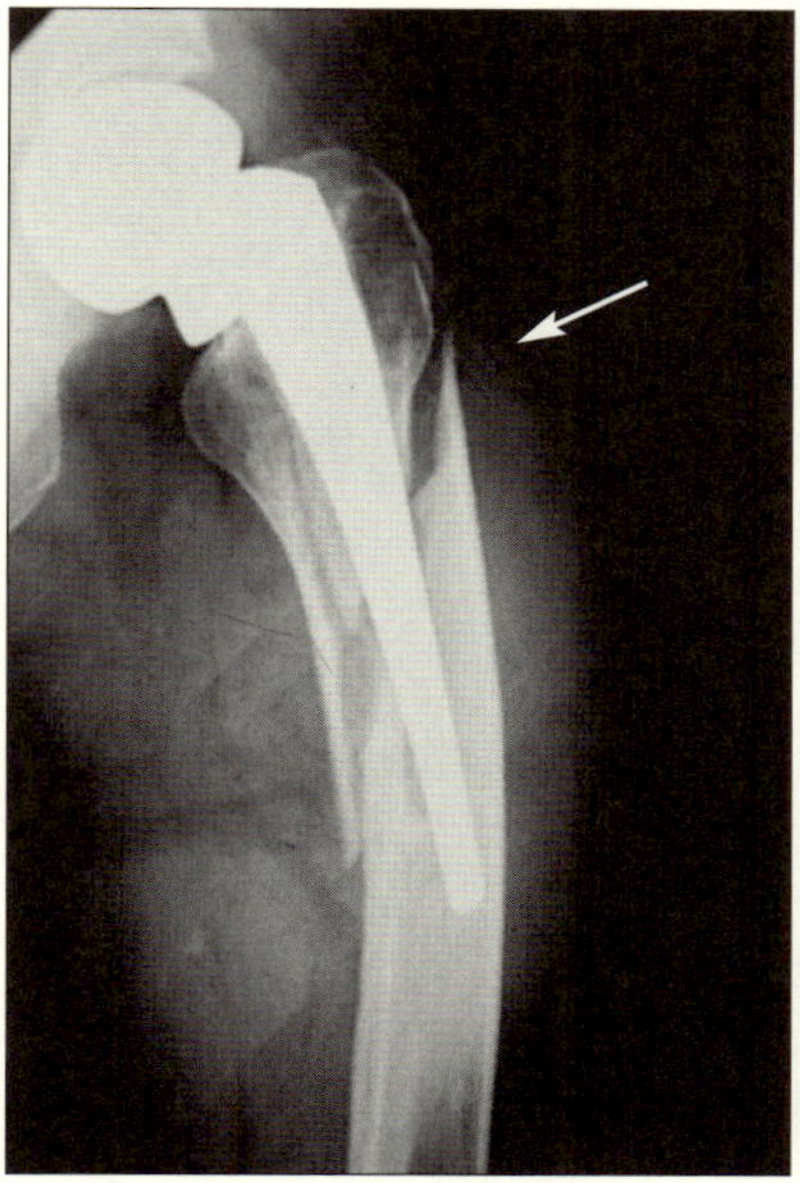

図７　人工骨頭手術後の骨折（名戸ケ谷病院のご厚意による）

が、不幸にして骨自体が骨粗鬆症をきたし弱かったために、満足な結果が得られなかったといえます。

　年齢別の介護要因、また手術後の骨折例などの図から次のようなことが結論づけられると思います。

(1)　高齢になるほど運動器の疾患による要介護者が増えている

(2)　これらの運動器疾患に対する整形外科的な対応にも限界がある

(3)　したがって、スポーツ・運動などにより運動器の耐用性を向上させ介護予防につなげる

　このようなことが言えるのではないでしょうか。

　高齢者の健康寿命の延伸には、「メ

タボ対策」だけでは陥穽があると述べましたが、それは、メタボ対策の手軽な運動としてウォーキングを勧められることが多いのですが、女性では膝関節痛、男性では腰痛・下肢痛などを誘発する人がいるのが盲点で、結果的にロコモ対策を考慮に入れなければならないからです。

これから超高齢社会の一員となる若い人たちは「100年耐用性のある運動器が必要とされる」時代を迎えつつあり、子供の頃から後に述べるような医学的根拠に基づいたプログラムで老後に耐えられるような丈夫な骨や強い筋肉を鍛えていかなければならない。このように思います。

* 高齢になるほど運動器の疾患による要介護者が増えている。
* これらの運動器疾患に対する整形外科的な対応にも限界がある。
* したがって、スポーツ・運動などにより運動器の耐用性を向上させ介護予防につなげる。

6 21世紀のスポーツによる運動器の健康

次に21世紀の超高齢社会で100歳まで耐えうる運動器の健康を獲得するための長期的戦略について整理してみたいと思います。**超高齢社会に耐えうる運動器を獲得するには、各年代を通じてのスポーツや運動の活用が欠かせません。**

以下順次、高齢者・在職者・発育期など、各年代ごとに区切って運動器の健康のためにどのような対策が必要か、またどのような取り組みがなされているかみてみましょう。

❶ 高齢者のスポーツ指導

高齢者のスポーツ活動にあたっては、「高齢者では何らかの持病をもっていることが多い」ということに注意しなければなりません。高齢者では、運動器の健康を保つためにスポーツやトレーニングを勧められたものの、そのこと自体が痛みなどの症状を引き起こすこともよくあります。できれば隠れた疾患がないかどうか、運動に入る前に検査ができると安心です。**どのような**

内容の運動を、どの程度の**強度**で、どの程度の**頻度**で行えばよいかということを知るためです。

一つの例として横浜市スポーツ医科学センターでは、スポーツ選手のメディカルチェックを応用して「スポーツ版人間ドック」を有料で実施しています。

内科的疾患では高血圧の人が多いのですが、例えば、血圧の高い人では、うんと力むような筋力トレーニングは血圧が上がるので危険です。したがって、ウォーキングなどの有酸素運動が勧められます。場合によっては血圧を測定しながら自転車のペダルを踏むことにより、どこまでの負荷（強度）なら安全かを確かめながら運動プログラムを決めることもできます。

糖尿の気のある人ではウォーキングに筋トレを加えたほうがよいといわれます。

整形外科的疾患では、膝の痛い人がとくに女性で多く見られます。ウォーキングではかえって痛みを誘発することもありますので、歩き過ぎないように気をつけて欲しいものです。痛いからといって運動をしないのでは体重のコントロールもできないし筋力も衰え逆効果ですので、ほどほどに筋肉を使うことが勧められます。私の経験では、よく一般に勧められるように一万歩も歩くのは無理があります。歩く歩数を制限し（例えば30分で3，000歩、100カロリー弱）、歩数を少なくした分筋力トレーニングを追加する。あるいはプール・水中運動・固定式自転車などで膝にかかる体重（負荷）を少なくして筋力トレーニングの要素を加味すればよいと思います。

脊柱管狭窄症は男性に多くみられ、これもウォーキングなど歩くことによって足や腰の痛みやしびれが誘発されます。歩く姿勢は背中をそらせますので脊柱管が狭くなり神経を圧迫するから

図8　横浜市スポーツ医科学センターにおけるメディカルエクササイズコース（Medical Exercise Course、略してメック）
スポーツドクターと理学療法士、健康運動指導士とが連携して疾患のある人に特化した運動指導をしている。

です。通常、このような人は背中から腰に掛けて前屈（前へ曲げる）すれば脊柱管のスペースが広くなり症状が軽くなります。トレーニングの内容としては固定式自転車による脚筋力の強化が勧められます。とくにドロップハンドルの姿勢では腰椎が前屈位になるので好都合です。

図8は私が5年前まで在籍していました横浜市スポーツ医科学センターにおけるメディカルエクササイズコースMedical Exercise Course（略して**メック**と呼んでいる）を行っている風景です。ここではスポーツドクターと理学療法士あるいは健康運動指導士とが連携して疾患をもっている人に特化した指導をしています。費用は個人負担で

すが医療費控除の対象になっています。

このように高齢者では、医師と相談しながらスポーツ指導者のもとで治療を兼ねたような運動（運動療法）をすることをお勧めします。

しかし運動療法だけで解決しない時には、医師と相談のうえ再建手術を行うことを勧めます。

変形性膝関節症では、骨切術や人工関節、脊柱管狭窄症では除圧手術などが行われますが、その際にも再建した関節が負担に耐えるような強度の骨、またリハビリテーションで十分回復しうる基礎的な筋力が備わっていないと十分な成果が望めません。したがって、**若い時からの筋肉・骨など運動器のインフラ整備が絶対に必要**なのです。

＊　高齢者には特化したスポーツ・運動指導が必要である。また再建手術で効果を上げるには、若い時からの運動器のインフラ整備が欠かせない。

❷ 在職者に必要なスポーツ権

在職者では、「スポーツや運動をしたくても仕事が忙しくて時間がとれない」というのが各種

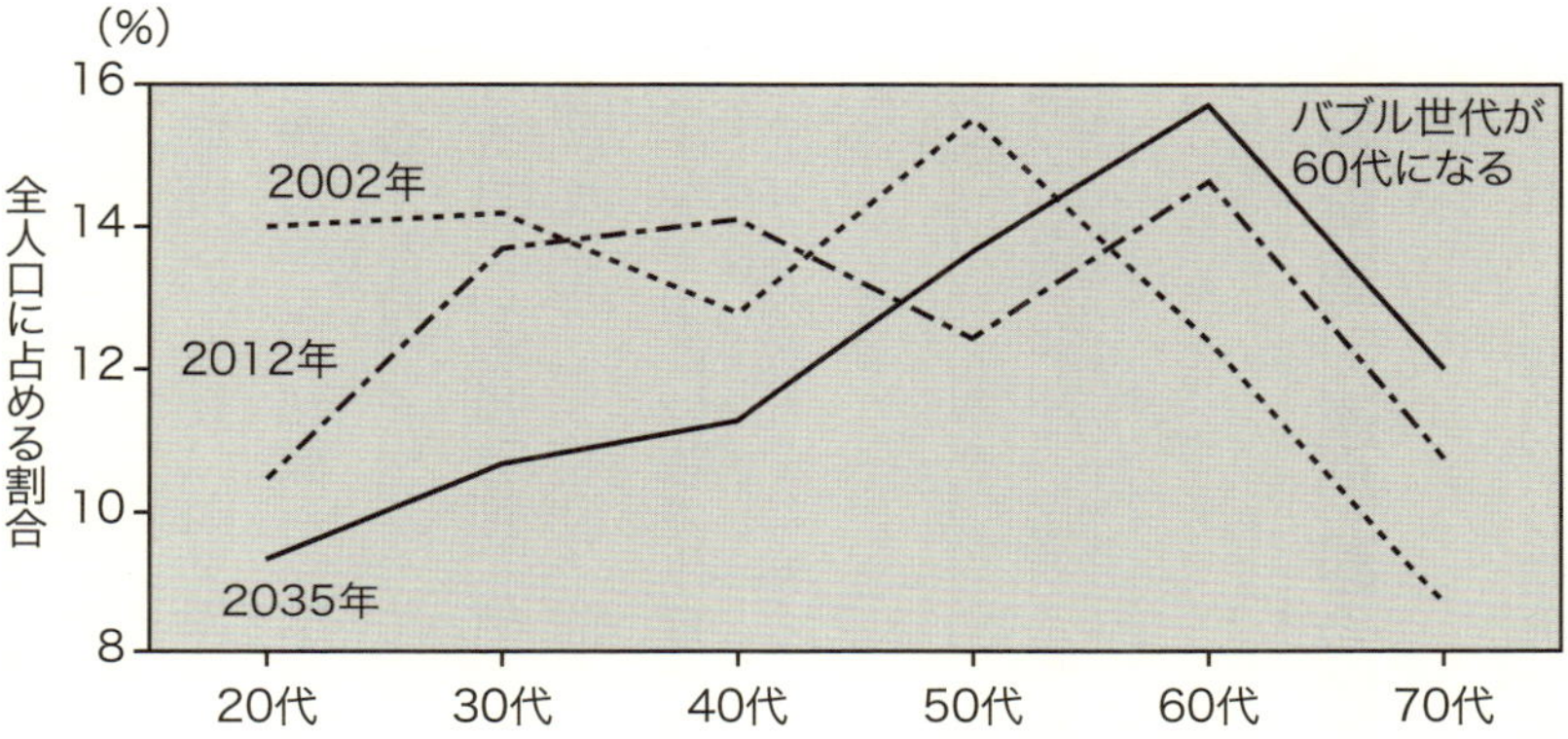

図９　全人口に占める各年代の割合（日本経済新聞 2015 年 1 月 4 日より引用）
2035 年頃 60 歳代の占める割合が高くなり、若い働き手が減る。

のアンケート調査などで得られる結果です。

したがって、この世代では、いかにスポーツをする時間を確保するか、いうなればスポーツ基本法でも謳われている「スポーツ権」（スポーツをする権利）を獲得できれば素晴らしいでしょう。

図９は、２０３５年には「シニアの比率が高まり、若い働き手が減る」ことを示す日本経済新聞の記事ですが、「私鉄大手のある社では２０１３年、定年を段階的に65歳まで延長する一方、45～55歳のミドル層の賃金上昇を抑える制度を導入した。シニア雇用でかさむ人件費を働き盛り世代の負担で賄う」といっています。２０３５年頃には現在のミドル層がシニアになり、定年が延長されればシニアに対する賃金を確保するためミドル層の賃金の低下は免れないかもしれません。

一般に「労働組合」の方針では「賃上げ」を要求することが多いのですが、賃上げがかなわない時は、福祉の面からスポーツ権の獲得に活動方針を変えるべきだというのが私の意見です。つまり**賃金が上がらない分をスポーツ権の獲得で補い、定年後を見すえて健康投資を行う**のです。スポーツ権の獲得は、今後は超党派の健康長寿社会におけるスポーツ行政の重要な柱になると思います。

したがって、15歳から64歳を中心とした在職期では、スポーツや運動をすることによって健康に投資する時間をつくってあげることが管理者の責務で、個人個人がそれに応えて、与えられた時間を自己の健康管理に費やすことが望まれます。

働き盛りの人たちが、経済活動以外の時間をつくるのは口でいうほど簡単なことではないと思いますが、**子供の時の体育で培われた健康確保の理念教育と管理社会に対するスポーツ権の獲得**とがあって高齢社会に備えることができるのです。

＊在職者には「スポーツ権」の獲得も考慮する必要がある。

❸発育期の運動器の健全な育成

発育期では運動器の健全な育成を促すプログラムを提供しなければなりません。それには発育

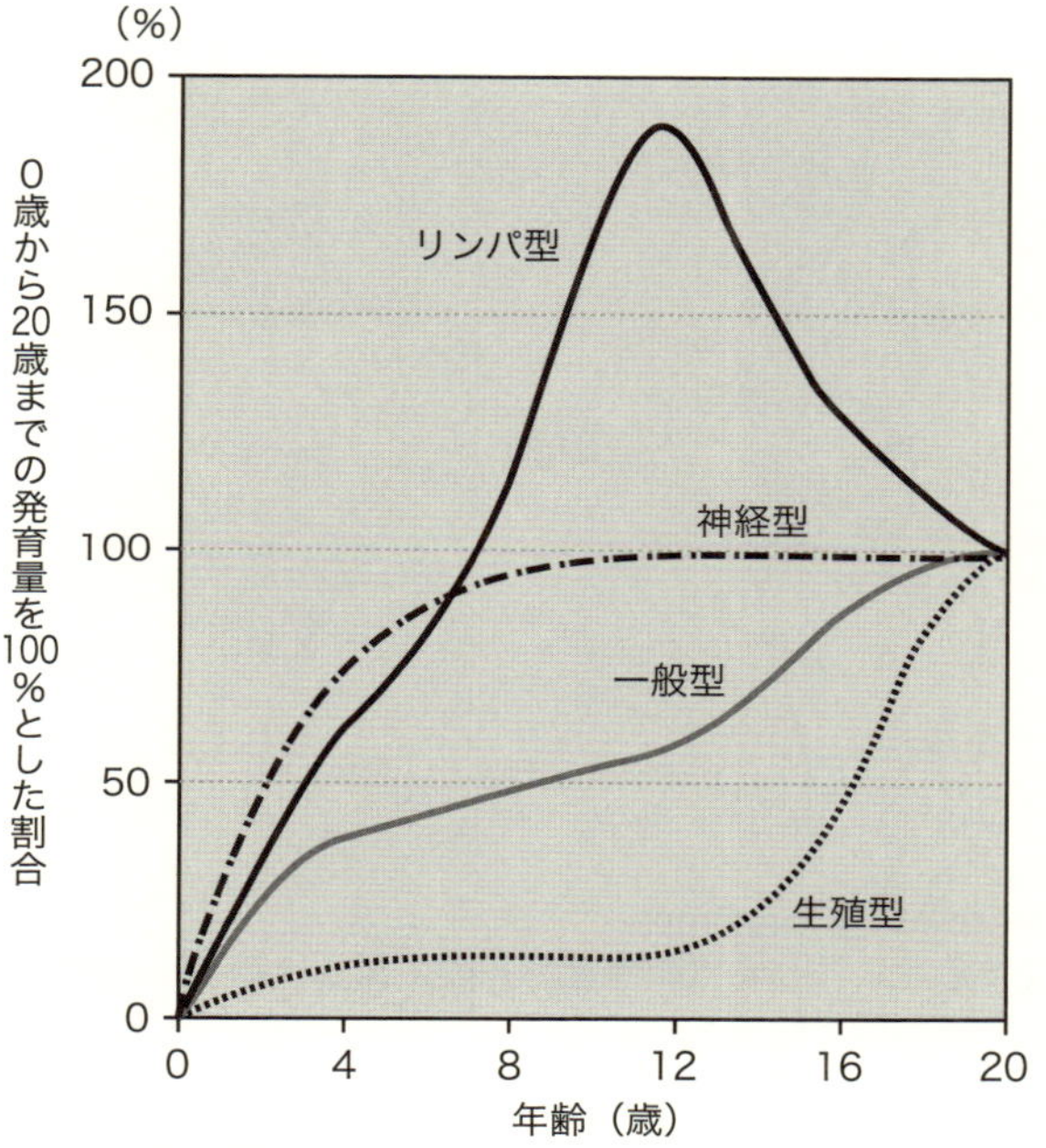

図10　スキャモンの発育曲線
小学生の段階では神経系の発育が著しい。

期の神経、骨、筋肉などの運動器の発育の特徴を知っておく必要がありますので簡単にまとめてみます。

まず、(1)小学生の段階では、スキャモンの発育曲線（**図10**）で示されるように、神経系の発育が著しいので、スキルの獲得を目指して、**①中・高学年では基本的スポーツ動作の専門指導が望まれます。**特に女子はこの年代が人生で一番活発な時期と思われ、飛んだり跳ねたり、鉄棒にぶら下がったりお転婆ぶりが目立つ年頃です。優れた指導によって様々な動きが可能になると思います。また、②低学年でもマット運動などを通じて**身の**

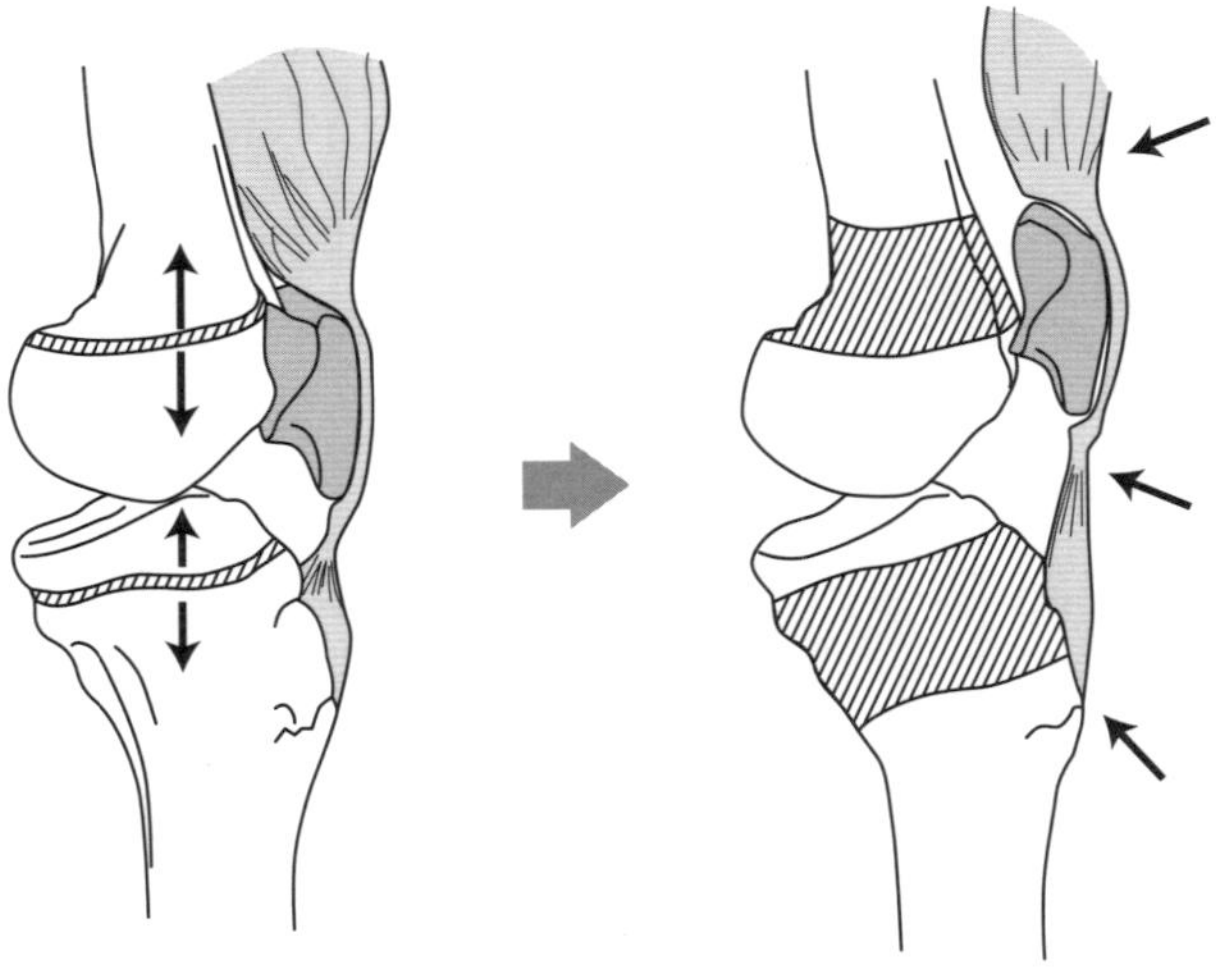

図 11　Overgrowth Syndrome
中学生では骨が急速に伸びる（斜線部分）のに対し、筋や腱の伸びが追いつかず（右図矢印）、筋腱痛や骨端症を生じる。

こなしや安全な転び方の習得は可能だと思われますし、できれば受身動作がマスターできれば転倒予防（高齢に備えて）にもつながると思います。さらに、③高学年になると子供によっては初経が始まりますので、前後して成長ホルモンや女性ホルモンの分泌が著しくなります。この時期から骨の成長と密度の高まりが期待できます。つまりこのタイミングでの運動習慣（特にジャンプ・ランなどスポーツによる**荷重刺激）が骨の育成にとって望ましい**わけです。

(2) 中学生では小学校で始まった骨の成長が続き、いわゆるOvergrowth Syndrome[16]（骨が急速に伸びるのに対し、筋腱の伸展が追いつかず筋腱痛や骨端症を生じる。オスグッド病はその典型例）（**図11**）が発生しやすい年代となります。

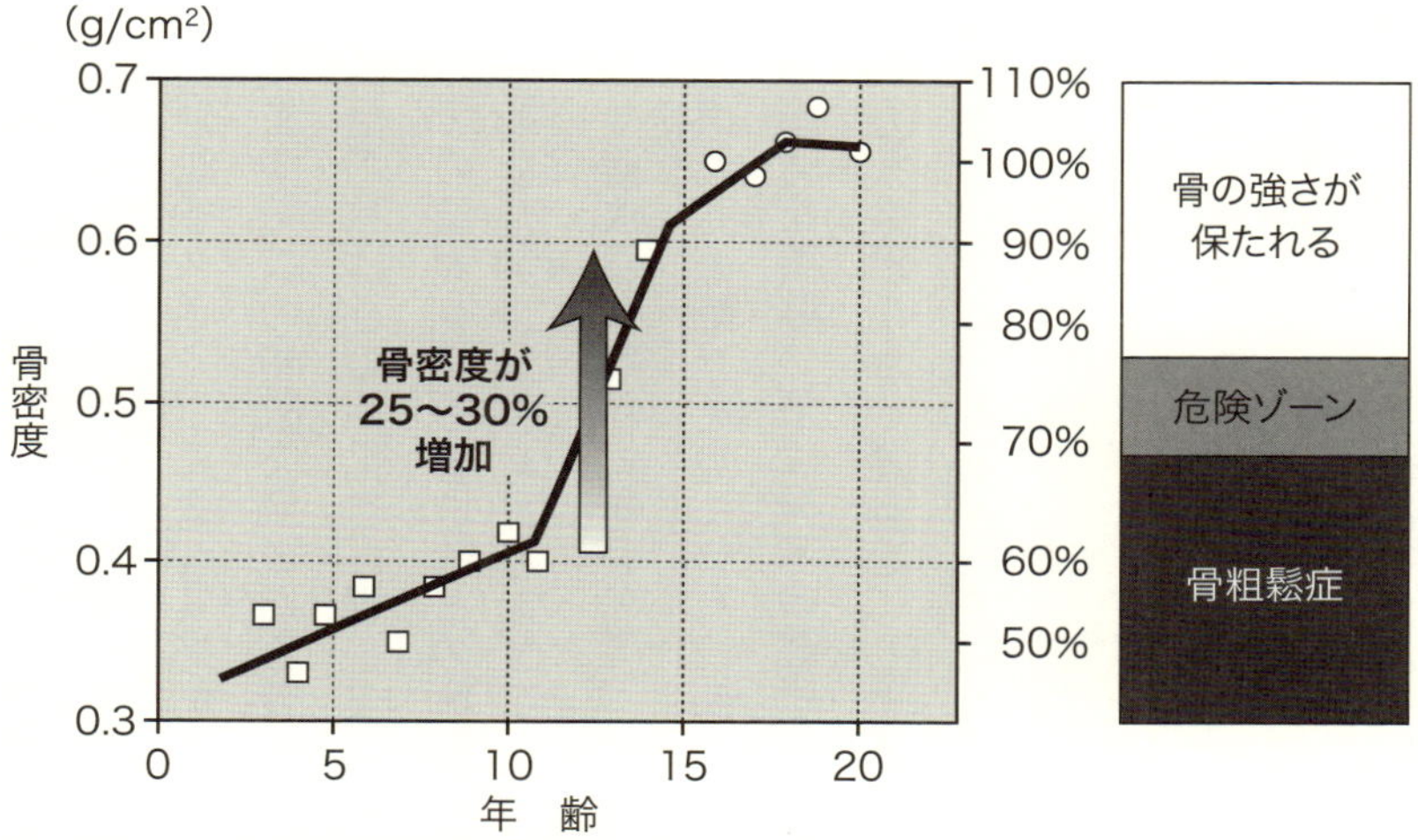

図 12　骨密度の増加と骨粗鬆症（文献 17 より引用）
10〜18 歳にかけて最も効率的に「骨」が丈夫になっていく。この時期に運動やスポーツによって適切な荷重刺激を与えることで将来の骨粗鬆症の予防に役立つ。

スポーツをし過ぎる子供に多い症状ですが、これを予防するにはスポーツ前後のストレッチングなど身体を手入れすることが勧められます。一方で成長に引き続き骨が丈夫になっていく時期でもあるので運動により刺激を与えることは欠かせません。

(3) 高校生では、骨密度の増加が続き、これに加えて筋肉の発達がみられるようになります。

このように発育期の運動器の発育発達にはその年代に即した特質がみられるので、神経・骨・筋という大よその成育の順序を把握するとともに個人個人の成熟度（個人差）に合わせた指導が望まれます。

ここで発育期の年齢と骨の密度の増加との関係をみてみたいと思います。

図12[17]は日本臨床スポーツ医学会の産婦人科部会の提言に示されたものですが、女性は10歳から18歳にかけて人生のうちで最も効率的に「骨」が丈夫になっていくことがわかります。この時期に運動やスポーツによって適切な荷重刺激を与えることが、将来の骨粗鬆症の予防に役立つといえます。この年齢を過ぎたら骨を丈夫にする機会は失われるかというと、成人になってからでも荷重刺激は骨の強化に貢献しますが、逆に大人になってからでは肥満気味の人もいて、太めの身体でのジャンプや着地などの跳躍運動（例えばハンドスプリングの着地など）は危険で、膝の靭帯損傷を起こしかねないのです。つまりやみくもに荷重刺激を与えればよいわけではなく、もちろん刺激強度にもよりますが、**年代によって運動内容を吟味する**ことが大切といえましょう。

子供たちの動きを見ていればわかりますが、女の子が一生のうちで一番動きたがる年代を逃さず、適切な指導の下に将来の健康・長寿に備えて運動器の強化を図るべきであると思います。

一方、スポーツや運動を「し過ぎる」グループに属する競技選手の間では、過度の運動負荷や減量などにより月経異常をきたし、結果的に疲労骨折という不健全な骨の状態を招くことがあります。女性の荷重運動には与えられるべき適切な量と質があり、また年代によっては危険なこともあることに注意が必要です。

ここで関連して専門的な立場からの日本臨床スポーツ医学会整形外科部会からの提言を紹介したいと思います（**図13**）[18]。

これは「子供の運動をスポーツ医学の立場から考える」というテーマで、小・中学生の身体活

図 13　子供の運動をスポーツ医学の立場から考える～小・中学生の身体活動が運動器に与える効果～（日本臨床スポーツ医学会学術委員会整形外科部会）

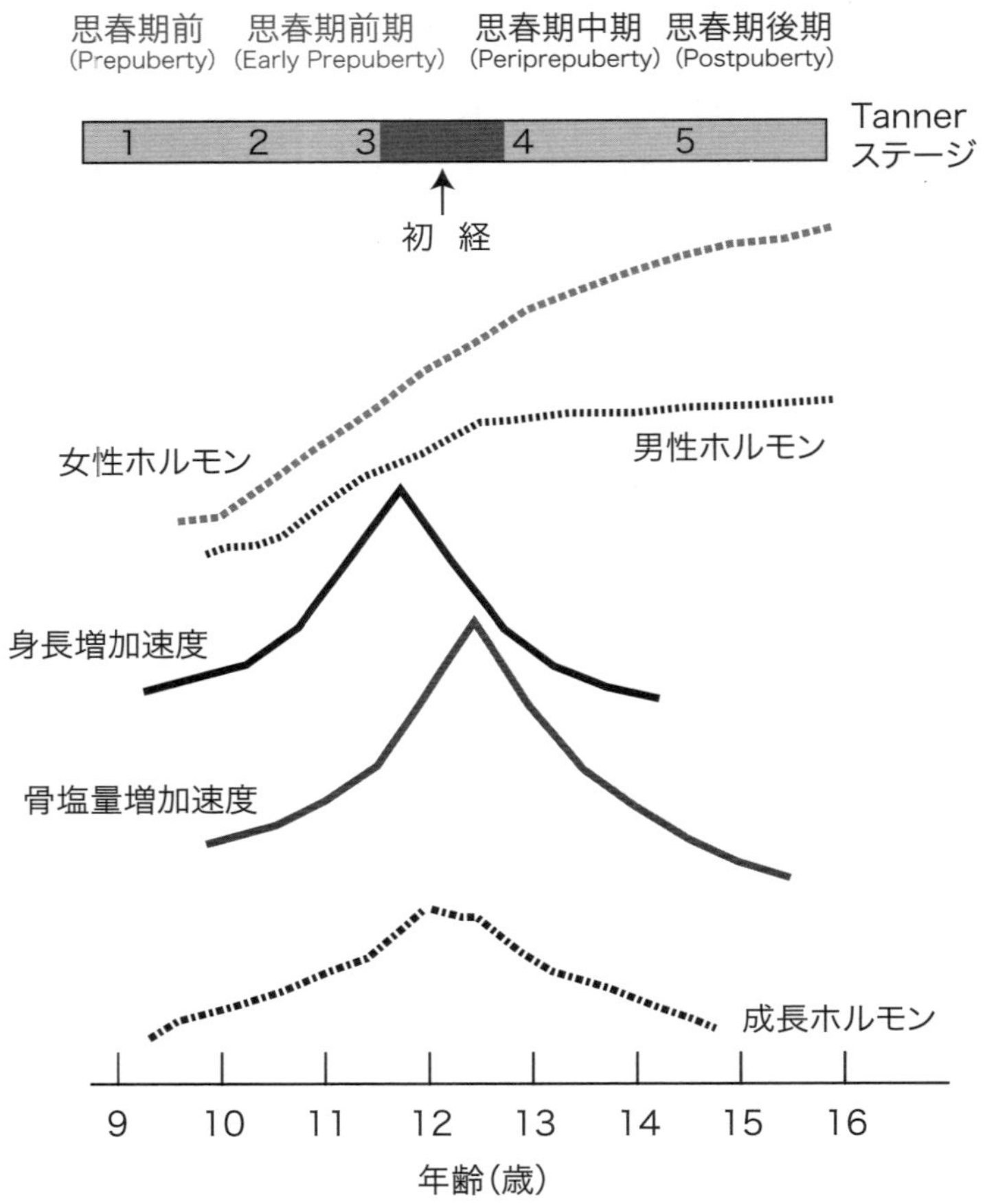

図 14 女子における年齢・Tanner ステージと身長・骨塩量の増加速度との関連（文献 19 より引用）

思春期（Prepuberty）は生殖器の発育（乳房発育・恥毛発育など）に始まり、初経を経て第二次性徴の完成と月経周期がほぼ順調になるまでの期間である。思春期には成長ホルモン、性ホルモンなどが増加する。身長増加速度の最大値は初経の前半に、骨塩量増加速度の最大値は初経の後半にみられる。

動が運動器に与える効果を小冊子にまとめたものです。「日本臨床スポーツ医学会」のホームページから入手できますから詳しく知りたい方は是非ご覧いただきたいと思います。この中の**図14**の引用[19]で「思春期には成長ホルモン、性ホルモンなどが増加する。身長増加速度の最大値は初経の前半に、骨塩量増加速度の最大値は初経の後半にみられる」と説明しています。キーワードは**初経**で、後で述べるように、近年の子供が12歳弱で始まることを考慮すると、**科学的には明治時代の子供よりは骨が強化される年代が早まっている**と理解しなければならないでしょう。

＊体育の内容は、年代に応じた、科学的な根拠に基づいたものを提供したい。

❹ １９６４東京オリンピック選手の持ち越し効果

次に、スポーツと運動器の健康について、どのように若い時のスポーツ活動がよい効果を及ぼすかみてみたいと思います。

図15は、日本体育協会が中心となって行った「１９６４東京オリンピック選手の追跡調査」[20]の結果から得られたもので、男子選手の経年的な握力の変化を示しています。元オリンピック選手

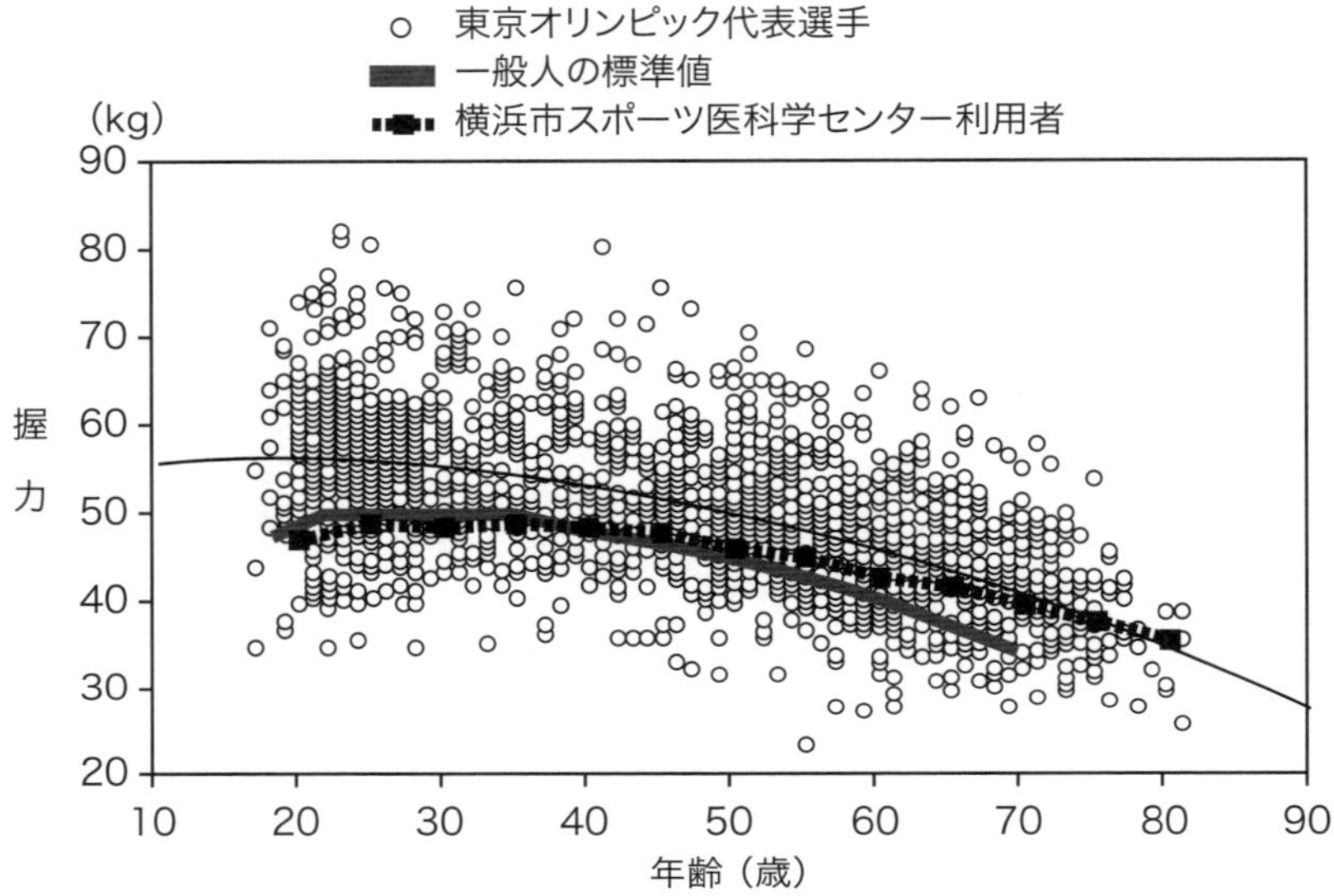

図 15　若い時のスポーツ活動の持ち越し効果（「1964 東京オリンピック」男子選手の経年的な握力の変化）（文献 20 より引用）
男子オリンピック選手の握力の左右の平均値。若い時にスポーツ活動をしていた男子オリンピック選手のほうが，一般の人より約 5 〜10 kg 程度握力が強い。

のほうが、一般の人より約5〜10 kg程度握力が強いことがわかります。比較のため、横浜市スポーツ医科学センターでスポーツ版人間ドックを受けた人のデータも示しましたが、高年の人はある程度スポーツの下地のある人が多いので、だいたい中間の所に位置しています。

　骨密度に関しては、男子で一般の若い人の106%、とかく骨粗鬆症に陥りがちの女子でも95%（80%以下だと骨粗鬆症とされる）と若い人並みに平均値が高く、高齢になっても高く維持された元オリンピック選手たちの「筋力・骨塩量の持ち越し効果」は貴重なエビデンスといえると思います。また最新の調査では、現役時の種目による荷重様式でみると、水泳や射撃・漕艇などの荷重移動の少ない種目では比較的骨密度は低いこと、さらに骨密度と現在の運動習慣には関連がなく、若い時の運動習慣が重要な要素を占めていることがわかっています[21)]。

日本体育協会では、１９６４年当時のオリンピック選手の健康状態と体力に関してこれまで50年以上にわたり追跡調査をしてきました。当初は申し合わせで他の国も同様の調査を始めることになっていましたが、結果的にこれまで続けられたのは日本だけだったようで、これは世界的にも貴重なデータ（遺産）となりました。

＊ 若い時のスポーツ活動には筋・骨の持ち越し効果がある。

7 諸外国の「子供のスポーツ」に対する取り組み

それでは、ここで「子供のスポーツ」に対する諸外国での取り組みについて、その代表的なものをみてみたいと思います。

まず、アメリカでは、ＥＩＭ（Exercise is Medicine）のキャンペーンが行われています。これは、週に１５０分以上の体育を建前として謳っているものです。

アメリカでは、後ほど示すように、ＢＭＩ（Body Mass Index = 体重(kg) ÷ 身長(m) ÷ 身長(m)）が30％以上の肥満者が35％と日本の10倍の比率を占めていますので、心疾患・脳卒中などの慢性疾患予防のための肥満対策が日本よりはるかに大きな問題となっていると思われます。したがって、幼児からの運動習慣の動機づけが必要とされているのでしょう。

実際の指導にあたっては、連邦制のため州によって多少異なりますが、例えばアイオワ州では体育指導の専門の先生が体育館やグラウンドで待機していて、担任の先生はそこで生徒を引き渡し指導をまかせるそうです。また体育の時間は近隣のスポーツ施設へ連れて行く例もあると聞きました。

スウェーデンでは、6～9歳の子供を対象に6年間の追跡調査が行われました。この調査では、ラン・ジャンプ・遊びなどの運動を週に200分行う運動群と，週に60分行う対照群に分けて比較しました。その結果、運動群の女子では脊椎骨密度・大腿骨頸部骨塩量・脛骨骨塩量などが、男子では脊椎骨密度が有意に増加していました[22]。このことからもスウェーデンでは、丈夫な「骨づくり」を重視していることがうかがわれます。

ドイツやオーストリアはスポーツに対する取り組みが違います。低学年は安全第一で楽しさ優先、高学年は自立性を求めるなど、基本的に体育は「遊び」という考えのようです。一方スポーツはクラブでと住み分けができています。

また直近でロンドンオリンピックが開催されたイギリスでは、オリンピックのレガシーとしてスポーツが奨励され、体育の時間も週5時限と大幅に増やされたようです[23]。これと比較すると、日本では通常、45分の授業が週3回と、少なく思われます。また、45分のうちには、実際の授業に入る前の先生や生徒による準備と後片づけの時間も含まれているのが実情です。

日本では、2010年から後に述べる「アクティブチャイルド」プログラムが奨励されています。「1日60分は身体を動かす」という趣旨の運動で、文科省は学校体育の場で、日本体育協会はスポーツ少年団の活動などを通じて活用されることを期待しているようです。

このように各国では独自に子供のスポーツ政策がとられていますが、それぞれ国の事情が異なることに注意を払う必要があります。

例えば**図16**[24]は各国の肥満比率を示したものですが、一番右端のアメリカは前述のようにBM

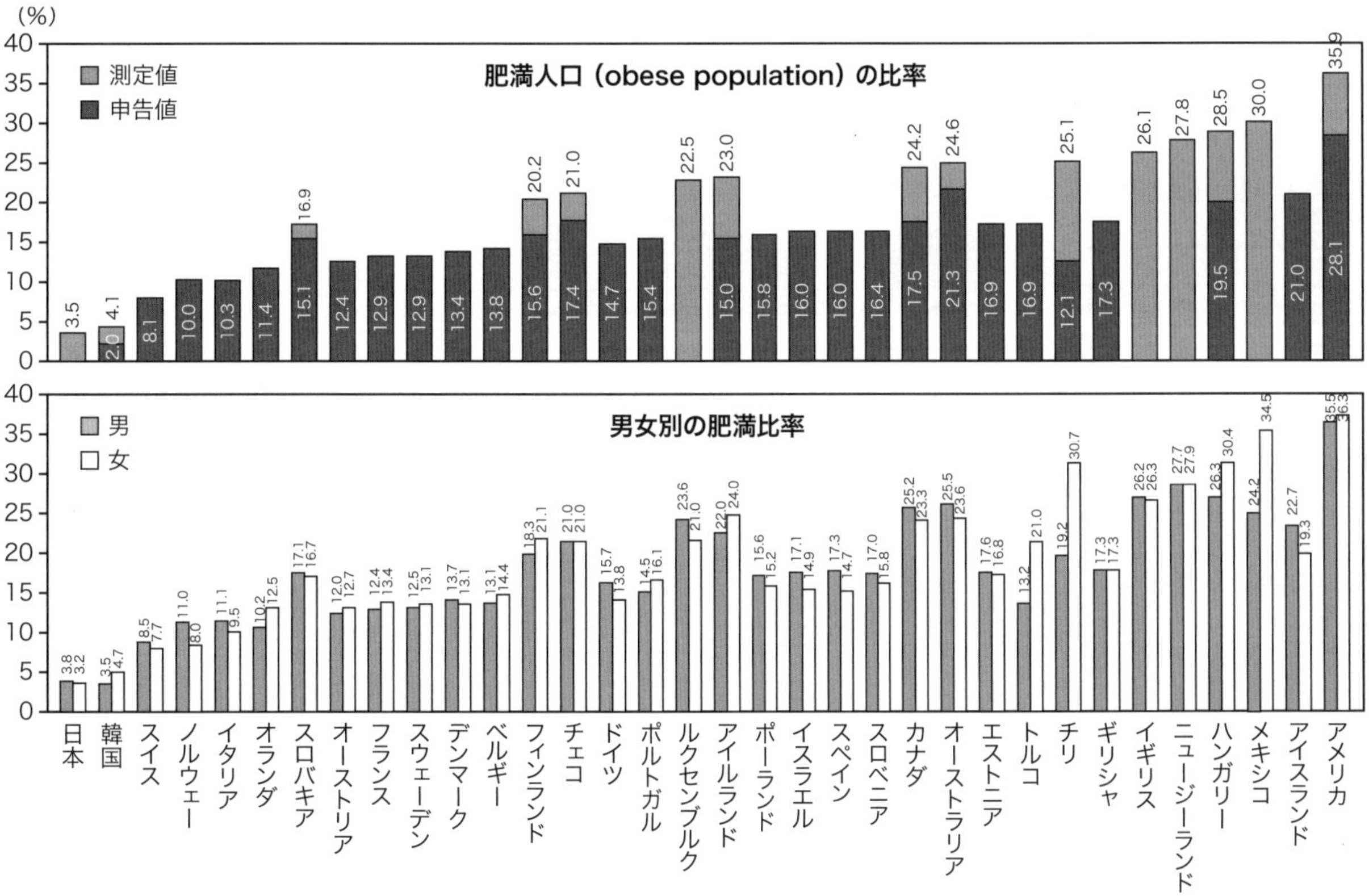

図16　各国の肥満人口の比率（OECD加盟国、2010年までの最近年）（文献24より引用）

Ｉ30％以上の肥満者の比率は35％ですが、日本は最も少なく3・5％です。スウェーデンやドイツ、オーストリアはその中間の十数パーセントになっています。

むしろわが国では、近年若い女性の間での「やせ願望」が強いことが問題となっています。誤ったダイエットブームは将来の骨粗鬆症予備軍の発生を危惧させるので注意が必要です。

＊日本では骨粗鬆予備軍の発生が危惧される。

8 子供のスポーツ・体育の現状 ―― 体育の嫌いな子

ここで日本の子供たちがスポーツや体育に取り組んでいる実情をみてみます。

現在、日本では子供のスポーツに対する二極化が問題になっています。二極化とはどういうことかというと、「**スポーツをし過ぎる子供**」と「**スポーツをしなさ過ぎる子供**」とに分かれている、ということです。

し過ぎる子供は、スポーツによる怪我や故障が問題となりますが、それは「競技スポーツの世界」でのことで、スポーツ医学会やスポーツドクターが以前から治療や予防などに対処しています。

これからの問題は、スポーツの嫌いな子供、身体を動かすのが嫌いな子供にあります。

スポーツ庁の答申でも、中学2年生の女子の2割以上がスポーツが「嫌い」か「やや嫌い」であることを問題として取り上げています。

とくに女子の場合は、前述したように思春期に骨に適切な刺激が加わらないと、高齢になってからの骨粗鬆症の予備軍になりかねないことが危惧されます。後で詳しく述べますが、小学校の体育の授業は担任の先生が行います。当然ですが、担任の先生は必ずしもスポーツや体育の指導を専門としているわけではありません。体育には教科書もないのです。したがって、まず現在の義務教育の体育において、指導内容の改善や指導者の資質の充実を図り、体育は「健康・医療戦略」の入り口であるという認識をもつ必要があると思います。

次になぜ体育が嫌いになる子供がいるのかをみてみたいと思います。

これまでにも各種の報告がされていますが、ここでは秦泉寺ら[25]の分析を引用したいと思います。

まず、小学5年生から中学3年生を対象にした調査で、「運動嫌い」は男子で6～9％、女子で12～18％、「体育嫌い」は男子で5～11％、女子で14～23％でした。この結果から、男子では運動嫌いと体育嫌いはほぼ一致しますが、女子では運動嫌いよりも体育嫌いの比率が高いことがわかります。その要因としては、①教師に原因があるもの（指導内容など）が圧倒的に多く（64・6％）、その他、②体育は面白くない・楽しくない（11・8％）、③自分自身の運動能力に否定的な、適性の問題など（5・1％）があげられています。さらに教師自身（118人）に関して、学生時代に受けてきた体育の授業が好きでなかった者が32・5％を占めていました。そして、「教師自身が体育・運動嫌いのタイプが少なくないこと、また、教科体育について否定的見解もみられることから、教師が体育・運動嫌いの児童・生徒を無意識のうちに再生産していることも十分考えられる」としています。

賀川ら[26]は、「体育授業の好きな児童は、運動ができること、仲間から受け入れられていることと、教師の受容的な人間性を好きな理由として答える傾向があると考えられる。また、体育授業が嫌いな児童は、体育で身体的な苦痛を受けたこと、教師の指導に対して不満があること、仲間から嫌な思いを受けた経験があることを理由として答える傾向がある」と述べています。

次に示すのは，K市のN小学校における校内研究会のデータです。私もここ数年授業参観と検討会議に参加させていただきました。非常に興味深いので細かく内容を分析してみます。

２０１７年（平成29年）の1年生（28名）に対する事前アンケート調査では、「体育の授業は好きですか」という問いに対して、「とても好き」24名、「好き」4名、に対し「嫌い」「大嫌い」は0です。理由は「いろんな運動ができて楽しいから」「体を動かすことが好きだから」「わくわくするから」「いろんなことにチャレンジできるから」「できるようになると嬉しいから」と答えています。別の年の1年生（15名）でも「大好き」12名、「好き」3名で、「できないことができるようになる」「とにかく楽しい」など体育の嫌いな子はいないようです。

［感想］　子供たちは基本的に身体を動かすことが好き、当初は体育が好きである。

別の年の2年生（33名）の調査では、体育は「楽しい」29名、「ふつう」3名、「きらい」0でした。この時の課題である跳び箱遊びに関して、「楽しくない」が3名いましたが、「跳べないから」「跳び箱の上で止まるから」「1段も跳べないから」がその理由でした。
別の年の2年生26名では、体育の授業の「嫌い・楽しくない」は0でしたが、「ボール投げゲーム」では、「顔に当たりそうだから」「ケガをしそうだから」の2名が嫌いと答えています。

［感想］　体育に〝技術の要素が入ってくると差ができる〟ので問題が生じる。授業内容に関して体育の意義についての説明が必要なのではないか、体育実技の科学的根拠、跳ぶ動作・着地運動など「なぜ跳ぶのか」の説明があれば納得できるのではないか。あるいはその代替運動（跳び箱に乗ってから飛び降りる動作に代えるなど）を勧めるのはどうか。

3年生（25名）の走・投の運動では、体育の授業が「嫌い」な子が2名いました。かけっこ・リレーの「嫌い」2名と「大嫌い」1名のうち、大嫌いと答えた子は「足が遅いといわれたことがある」との回答でした。
マット運動がテーマであった4年生（39名）の調査では、「マットの授業は楽しかったですか」という問いに対して2名（約5％）が「楽しくなかった」と答えています。その理由は「転がるだけでつまらない」でした。

［感想］　指導者は技術指導で向上心に応えるか、あるいはＤＶＤなどのデジタル教材をもっと活用できるようにしたらどうか。

運動会の種目や体育の授業では、概して速筋優位の種目・動作が多く、遅筋優位の子は得てして自分は運動能力に欠けていると自信を失い「体育嫌い」になるのではないか。走能力の特質についての解説があってもよいのではないか。

別の5年生（28名）を対象にした、4年生までの跳び箱運動に対する意識調査では、「跳び箱運動は好きですか」という質問に対して、「まあまあ」が4名（ケガをした、毎回捻挫する）、「きらい」が2名（跳べる技がない、きれいに跳べない）と6名（2割強）が否定的でした。

［感想］　高学年のこのあたりから「体育嫌い」が生じ、スポーツ人口の二極化の原因となっているのではないか。

6年生（28名）のサッカーによるボール運動では、「サッカーの授業は、楽しかったですか？」という質問に対して、これまで約3割の生徒が「楽しくなかった」「大嫌い」という印象をもっていました。これはサッカーに慣れている児童とそうでない児童の技術面での差が著しいこと、苦手意識をもっている児童が多いことなどが理由と予想されました。そこで、担任の先生はチームで協力してゲームを楽しみ、苦手意識をもっている児童も達成感が味わえるような取り組みをしました。その結果、授業ではサッカーが得意な子も苦手意識の強い子も思いきり動き、満足感いっぱいの表情で取り組んでいたのが印象的であり、学習後の調査では全員が「楽しかった」と回答していました。理由としては、「みんなで動くことができたから」「いっぱい運動できたから」「サッカーは苦手だったけれど、それが気にならなかったくらい思いきり動けて楽しかった」など、みんなで楽しく運動ができた喜びや達成感に満足しているようです。

［感想］　**「楽しく」、「みんなで」というのは子供たちにとってキーワードとなるようである。これは必ずしも技術指導にとらわれない授業の一つの方法ではあると思われるが、折角サッカーの時間があるのなら、優れた技術指導があれば別の収穫もあるのではないか。**

小規模の学校の調査結果ですが、個々の回答を検討してみると貴重な示唆が浮かびあがってくるので列挙してみます。

(1)1年生の時には**基本的に身体を動かすことが好きで、楽しい。**

(2)2年生になって跳び箱のように**技術指導が入ってくると、できない子は面白くなくなってくる。**ここでは、

①技術の専門的指導により全員が達成できるようにするか

②なぜ跳び箱を跳ぶのかという**体育の意義について説明をする**（高学年の場合には後述のように跳躍・着地という荷重刺激が骨の育成に欠かせない）

③跳べない子には別に何を提供するか（高学年の場合には跳び箱からの着地だけでもよい）

(3)４年生でも技術指導の内容が授業に含まれてくると、習得技術の差が「楽しさ」の有無を決めかねないので、**専門の指導者による技術指導やデジタル教材の活用**が最低限必要であろう。

(4)５・６年生では、跳び箱・サッカーなど技術的な内容が強くなると、不得手な子など**2〜3割に体育の嫌いな子**が出てくる。しかし、**みんなで思いきり動く**など、楽しめれば達成感を感じ満足するようである。

(5)これらをまとめると、①1年生の頃は体育が好きであっても、高学年になりスポーツ種目の技術要素が含まれてくると苦手意識のある子は体育を避けるようになる。②技術的なスポーツ動作が入ってくる場合には、**指導者に専門的な能力が必要とされる**。③技術的に苦手の子でもチーム力に差がないような組み合わせでのゲームなど、配慮することにより達成感が得られる。ただしこれには指導者の感性（**指導者の人間性**）など個人的な資質に頼ることになる。

(6)低学年から高学年にかけて、最初は体育が好きといっていた子供たちのなかで、体育が嫌いになっていく子供がいる（2〜3割）。指導技術によって、この子供たちが中学生の女子にみられる「体育以外あまり運動をしない」子供に移行するとなれば悲劇的である。小学校で体育に苦手意識をもつ子供の数を減らし、**全員が生涯を通じ運動習慣をもつように動機づけるのが超高齢社会における義務教育の体育**であろう。

(7)スポットでもよいから優れた技術指導に当たれるような機会をつくってあげれば、子供たちは人が変わったような動きを見せる。これはたまたま近隣の専門指導者による授業を拝見した時の印象である。スポーツ庁は「見るスポーツ」という言葉をしばしば使っているが、小学生の柔らかい頭脳によい動きを見せれば「見る」スポーツの見方も変わり、見る層も増えてくるであろう。「見せる授業」・ＤＶＤの活用は、今日的なきわめて有効な手段であろう。

(8)体育授業に関しては、

①「体育実技」では体育の嫌いな子をつくらないこと。

②「保健体育」では体育の科学的根拠を説明する必要がある。実技とは切り離し「理科」あるいは「生物」の時間に含めてもよい。

以上の2点を強調しておきたい。

＊「体育実技」では、体育の嫌いな子をつくらないこと。

9 子供のスポーツ・体育の問題点と対策

グローバルな高齢社会化により、社会保障費の抑制のために、各国が運動を含めた健康管理に取り組まざるをえないと予測されるなかで、幸いなことに、わが国では義務教育に体育の時間が含まれています。新しい認識で「体育」を推進していくには改善が望ましい点がいくつかあると思います。ここではその問題点を列挙し、対策を述べるとともにこの制度をうまく生かす方策を考えてみたいと思います。

❶ 子供のスポーツと環境

まず内容を絞って、子供のスポーツ・体育の場についてみてみます。

近年は、われわれが育ったころとは異なり、自然に囲まれた生活環境が少ないので、遊びの場として身体を動かす場には恵まれていない子供たちが多いと思います。その代わり、学校・スポーツ施設など設備としては、昔の子供よりは、今の子たちのほうがはるかに整っているのではないでしょうか。しかし次の項で述べるように、これらの設備を有効に活用するには優れた指導者が欠かせません。自然の場で遊ぶにはそれぞれの創意工夫を生かせる利点がありましたが、近年では系統的なスポーツ指導を行うなかで安全対策という大枠にはめられたうえでの遊びの要素が望まれると思います。

わが国で現在小学生がスポーツをする環境としては、①義務教育としての学校体育、②スポーツ少年団、③総合型地域スポーツクラブ、④民間のスポーツクラブや地域の子供会などがあります。

いわゆる部活動というのは、中学に入ってからで小学生にはありません。その代わりを果たすのが「日本スポーツ少年団」で、日本体育協会が主体となって進めており50年の歴史があります。本来は西ドイツのスポーツユーゲントを参考にしたもので、複合型（多種目）のスポーツ活動を目指していたのですが、全国大会など競技志向が優先して単一競技に絞られる傾向があり、当初の目論見通りにはいってないようです。現在74万人が加入していますが、これは小学生７００万人のおよそ10分の1しか参加していないことになります。その代わりに文科省が現在力を入れているのが、総合型地域スポーツクラブです。その他にも民間のスポーツクラブや地域の子供会などもあります。

図17は、総合型地域スポーツクラブの設置状況の推移を示したものです。総合型地域スポーツクラブというのは、年齢・種目（主にスポーツ）・レベルを問わず、地域の学校やスポーツセンターを拠点とし地域が行う活動で、ヨーロッパのクラブ組織に類する組織です。文科省や地域の

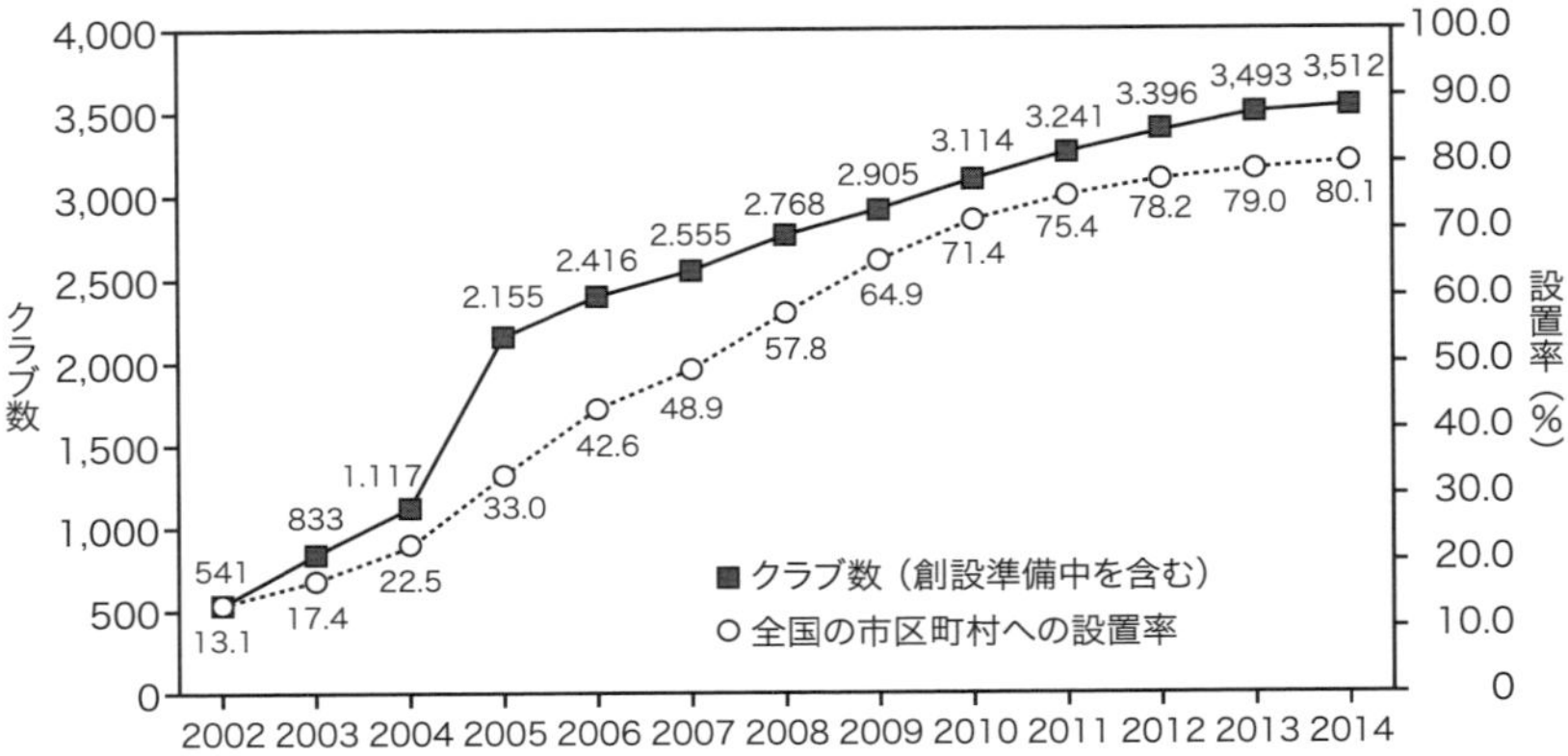

図 17　総合型地域スポーツクラブ設置状況の推移（2014 年 7 月 1 日現在）
総合型地域スポーツクラブは、年齢・種目・レベルを問わず、地域の学校などを拠点として地域が行う活動で、現在，文科省が力を入れて推進している（出典：文部科学省「平成 26 年度総合型地域スポーツクラブ育成状況調査」）。

体育協会が、近年力を入れていることもあり、クラブ数は２０１４年現在３、５１２、全国の市区町村の80・１％に設置されています。ただ参加者の年齢が混在しているので、小学生のクラブ員の数は把握できません。最近のデータでは、会員数のおよそ20％を小学生が占めており、これから期待されている制度です。

総合型地域スポーツクラブと関連して、文科省では近年、**表1**のようなプロジェクトを立ち上げています。これは、スポーツ基本法に基づくもので、総合型地域スポーツクラブから「小学校体育活動コーディネーター」という名称で指導者を地域の小学校に派遣するもので、すでにK市の一部の学校では、取り入れられています。また「体力向上コンソーシアムの構築」プロジェクトは２０１３年（平成25年）から行われましたが時限的で平成27年には打ち切られた

表１　小学校における体育指導者の導入状況

1．体育専科教員導入校：4.7％（スポーツ庁）
2．体育指導補助員：都内で活用されている
3．小学校体育活動コーディネーター：
→「地域スポーツとトップスポーツの好循環推進プロジェクト
（スポーツ基本法、2011 年）
2011 年（平成 23 年）より 61 団体（総合型地域スポーツクラブなど）
4．体力向上コンソーシアムの構築：
→「地域を活用した学校丸ごと子供の体力向上推進事業」
2013 年より 30 団体、3 億円の予算で体力向上指定校（仮称）の選択

文科省では近年、上記のようなプロジェクトを立ち上げている。これは、スポーツ基本法に基づくもので、「小学校体育活動コーディネーター」という名称で総合型地域スポーツクラブから指導者を地域の小学校に派遣したりしている。

ようです。

このように様々なスポーツ活動の場が与えられていますが、問題はそれぞれの活動内容が何を目指しているかであると思います。

スポーツ少年団は、複合種目を行うことによってバランスよく身体を動かすというのが当初の理念でしたが、実際は単一種目の競技志向が強くなり全国大会も開催されています。それもあってか総合型地域スポーツクラブの推進が積極的に行われ、地域によってはスポーツ少年団から移行している所もあるようです。民間のスポーツクラブはそれぞれの方針に基づいて然るべく運営されているのでしょうが、国や自治体のスポーツ行政では、「何を目指しているのか？」が問題となります。「楽しさ」か、「競技性」か、あるいは両方か、それを決める因子は、目線を指導者目線（管理者目線）から子供目線

（受益者目線）に変えることにあると思います。

＊小学校の体育は「楽しさ」を優先した「子供目線」の指導を。

❷体育の指導者

指導者に関しては、前述したように**小学校の体育の授業は担任の教員に任されており、必ずしもスポーツや体育が専門の指導者ではありません**。専科教員は全国平均で約5％であり、スポーツ経験のある先生も含めて実技指導の経験者はせいぜい3割ぐらいだろうといわれています。

低学年では「遊び」が中心の、結果的に「いかに身体を動かすことが楽しかったか」を体験することでよいと思いますが、中・高学年になると子供たちもスポーツ動作の出来・不出来が自分なりにわかってくると思います。必ずしも専科でない担任の教員が、「転がる」「跳ぶ」「投げる」「蹴る」などの動作を実技指導するのは大変困難な仕事だと思います。

小学校の教員養成課程での体育実技の単位を調べてみましたが、必須は1コマ、選択であと2コマあるだけです。実に15回の授業でダンスを含め、諸々のスポーツ動作をいかに教えるかを習得するわけです。

ですから私は、**日本の小学校の体育は、日本の英語教育と似ている**、というわけです。つまり、英語のしゃべれない先生による英語指導は、実技のできない体育指導と置き換えられます。過去の英語教育によってわれわれの世代は自信を失い、英語がしゃべれない大人が大量に生産されてきました。体育嫌いの子供たちは、文学や音楽など別の能力に自分を見出し、スポーツや体育とは縁を切るのも一つの生き方でした。しかし100歳まで健康で長寿をという時代に入ったわけです。大人になってから生活習慣病対策に取り組む人たちも多いのではないかと思いますが、骨や筋肉は若い年代で基礎をつくっておいたほうがはるかに有効なことがわかっています。

最近「児童（こども）スポーツ教育学部（科）」のように、体育に重点を置いた小学校教員の養成課程も体育系の大学でみられるようになってきましたが、今後の成果が期待されます。

また東京都中央区では、小学校で体育指導補助員制度を活用し、各校に一人ずつ体育指導補助員を採用しています。このことによって、体力テストの結果もよくなっているようです。

しかし問題は、このような予算とマンパワーがすべての地域で得られるわけではないという点にあります。

「小学校体育活動コーディネーター」はスポーツ基本法に基づいた制度で、総合型地域スポーツクラブの指導者が、学校と連携して地域の小学校に出向いていくものです。前述のように文科省の「体力向上コンソーシアム」プロジェクトで、地域の専門的な指導者がスポットで指導に当たった時は、子供たちが見違えるような動きをしたことを見るにつけ、指導者の人間性も含めた技術指導こそ子供たちに与えられるべきものであると感じました。

この二つの事業は、外部講師による指導で、体育の苦手な教員や日々の授業に追われている教員にとっても大変助かる事業で、継続を望む現場からの声もあったことを付記しておきます。**大人の場合は指導者を選択することができますが、義務教育の子供たちには何といっても指導者の選択の余地がない**ことを肝に銘じるべきです。

また、中学や高校の部活動の指導者も、必ずしもすべてがスポーツ経験者あるいは指導の専門家というわけではありません。日本体育協会の調査でも55～60％しかスポーツ経験者あるいは専門教員がいないということです。小学校の体育とは別の話になりますが、スポーツ庁では教員の負担増や技術面でカバーするため部活動指導員（仮称）制度を立ち上げるとしています。

小学校の教員に限らず、日本は、スポーツ立国を目指す割にはスポーツ指導者の育成が丁寧でないと思っています。ここで勘違いしないでいただきたいのは、必ずしも指導者にスポーツ経験があればよいというわけではなく、指導者自身がよい教育を受けていなくてはならないということです。とりあえずは専科教員による指導の機会を増やすにしても、中室[1)]によれば必ずしも教員の免許は質を担保するものではないといいます。問題は指導者の資質にあり、まちがった指導の悪循環が、スポーツ指導における体罰、しごきによるスポーツ傷害や死亡にいたる事件を惹き起しています。

ここでもスポーツ指導を受ける側の立場に立った指導が望まれます。これを新たな時代のスポーツ指導、**小学校体育では「子供目線」のスポーツ指導**といい変えます。いかにしてスポーツの好きな子供をつくるかに指導の要諦はかかってくるのです。

＊ 大人は指導者を選択することができるが、義務教育の子供たちには指導者選択の余地がない。

❸ 体育と教材

体育には教科書がありません。文科省の指導要領に基づいて、担任の先生が指導に当たるのが通常の授業です。自治体によっては副読本の形で用意されているところもありますが、すべてに準備されているわけではありません。

問題は三つあると思います。

一つは、実技指導に関してです。たとえば跳び箱を跳ぶとか、マットで転回するような**運動の動作を「見せ」て指導するわけではない**ことです。先生が模範的な動作を生徒の目の前で見せることができ、生徒の動作を指摘し、コツを教えることができれば理想的ですが、担任の先生にそこまで要求するのには無理があると思います。幸い近年は、デジタル教材が作成されていますので、これを活用することにより指導が楽になるでしょう。

二つ目は、**体育指導の専門家を採用する**ことです。現在専科教員の採用率は４・７％（スポーツ庁）といわれています。常勤での採用は、予算的にもマンパワーという点からもすぐには無理かもしれませんが、授業内容の充実を図るうえでも将来的には考慮すべきです。とりあえずは、前述の東京都の「体育補助指導員制度」や「小学校体育活動コーディネーター」のスポットでの活用を図るべきです。スポーツ庁は、「見る」スポーツというスポーツへの参加の仕方を盛んに呼びかけていますが、子供の時に「良い」ものを見せるのは、どこの世界でも同じなのではないでしょうか。「小学校体育活動コーディネーターの活用」や「体育指導のできる小学校教員の育成（児童スポーツ教育学部）」の成果も今後見守っていく必要があると思います。

三つ目は、「**体育**」**に科学的説明を加える**ことです。それには「保健体育」の教科内容の充実が必要です。低学年では「楽しく」「遊び」主体でよいと思います。しかし、中・高学年になったら「なぜ体育が必要なのか」「なぜ跳び箱を跳ぶのか」「なぜマット運動は大事なのか」「なぜボールを投げるのか」など、その科学的な裏づけをしてあげたほうが、子供たちの理解が深まると思います。「体育で健康な身体をつくる」だけでは説明不足ではないでしょうか。先ほどの体育が嫌いになる理由の一つに、「体育は面白くない」と体育の意義を理解していないことがあげられていました。

体育の必要性を理解するには、必要な理由を具体的にかつ科学的根拠のもとに説明してあげることだと思います。

「跳び箱や縄跳びの着地動作」で与えられる荷重刺激は、骨を大きく丈夫にする、しかも育ちざかりの今の時期が最も効果的であること。「マット運動や身のこなし」、さらに「安全な転び方」「受け身動作」などをマスターしておけば、サッカーで手をついたときや、バレーボールで回転レシーブをするとき、また高齢になって転びそうになったときにも骨折を防げるかもしれません。昨今は情報が豊富で、子供たちも図書館など利用すれば先生方と同様の情報を得ることもできます。情報通の子供たちに負けないように、先生方も理論武装しないと、子供たちの信頼を得ることができません。「保健体育」の授業は、最先端のものであって欲しいと思います。**年齢が若ければ若いほど、教わった内容を高齢になるまで持ち越せる**わけですから、教えた人の責任は重くなります。「保健体育」は体育の一部ではなく、連関したより医学に近づけた教科として、理科あるいは生物と同様に考えるのも、これからのあり方ではないかと思います。そこで高齢になった時に備えて、「君たちは100歳くらいまで生きる可能性がある」「それに備えた身体づくりが体育の目的なのだ」と教えてあげれば、それが動機づけとなり運動習慣がつく子供も増えるのではないでしょうか。

前述のように文科省・日本体育協会によって「アクティブチャイルドプログラム」という事業

図 18　アクティブチャイルドプログラム
文科省・日本体育協会によって行われている事業で，様々な遊びを紹介した小冊子を教材に，最低 1 日 60 分は身体を動かそうという、「アクティブな子供」をつくるためのプログラムである。

が行われています。これは様々な遊びを紹介した小冊子（**図18**）が作成され、これを教材として最低1日60分は身体を動かそうという、文字通りアクティブな子供をつくるためのプログラムです。これは全国の小学校に2万部、各県の教育委員会に3～5部程度送付したそうで、左側は幼児用、右側は小学校低学年用です。今後、小学校高学年用も作成される予定ですので、その際には、本書で訴えているような、医学的な立場を踏まえた内容のものにしていただきたいと思います。

図19は、K市教育委員会の主催による小学校の先生方のアクティブチャイルドプログラム講習会です。アクティブチャイルドプログラムに紹介されている伝承遊びの一つ

図 19　アクティブチャイルド講習会
小学校の先生方を対象にした講習会。アクティブチャイルドに紹介されている伝承遊びの１つ「ことりことり」という遊びを実習しているところ。

で「ことりことり」という遊びを実習しているところです。

アクティブチャイルドプログラムの小冊子は、各種の伝統遊びが収載されており、資料としては貴重な材料を提供していると思いますが、実際どの程度活用されるかは、今後の普及啓発活動によるところが大きいと思います。問題は指導者教育が覚束ない現状で、誰がこれを用いて子供たちを指導するかです。文科省は学校で、日本体育協会はスポーツ少年団での活用を期待しているようですが、今後を見守っていきたいと思います。

＊　実技指導では「百聞は一見に如かず」、保健体育では「体育」の科学的説明を。

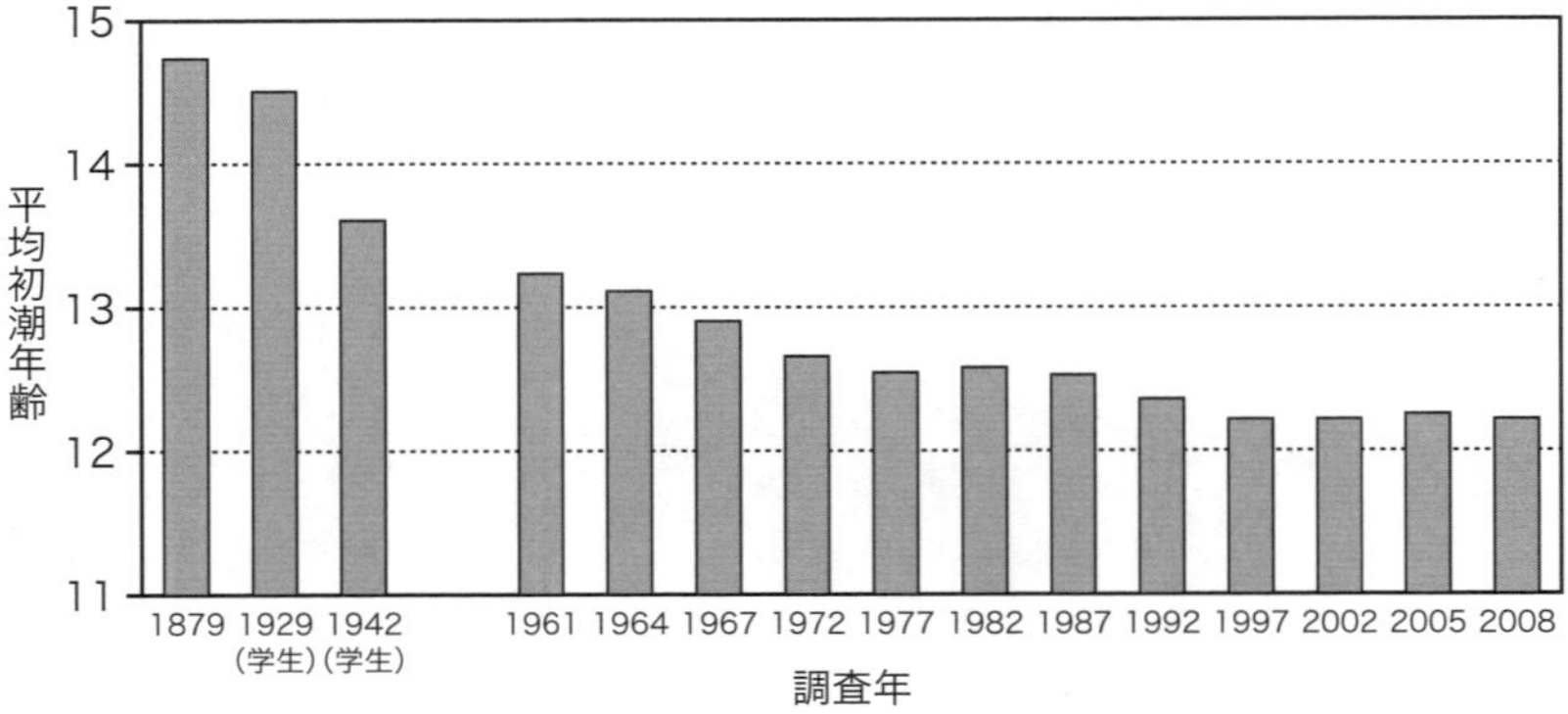

図 20　日本女性の初潮年齢の推移（文献 27 より引用）
近年では明治時代と比べて日本女性の初潮年齢が 2 歳以上早まっている。この年代では成長ホルモン、それに続いて女性ホルモンが分泌されてくるため、小学校の高学年に骨に適切な荷重刺激が与えられることが望ましい。

❹ 体育と学校制度

図20は、日本女性の初潮年齢の推移[27]を示したものです。明治時代における初潮年齢は15歳弱でしたが、近年では2歳以上早まって12歳頃となっています。この年代では成長ホルモン、それに続いて女性ホルモンが分泌されてくるわけですから、医学的根拠に基づけば、小学校の高学年に骨に適切な荷重刺激が与えられるほうが望ましいわけです。明治時代の学制のもとならば、小学校卒業後に荷重刺激が与えられることでよかったのかもしれませんが、現代の子供たちには遅すぎるといえます。明治時代とは違って、現代社会では低学年では「楽しさ」優先の全人教育をするとしても、高学年では専科指導を取り入れ「荷重運動の必要性」と「運動することが楽しくなるような動機づけ」をすることが勧められま

す。

政府の教育再生実行会議では「学制」について検討されているようです。その目的は必ずしも体育科教育の見地に立っているわけではないようですが、小中一貫制度や小学校４年・中学校４年・高校４年の４４４制は専科指導が前倒しで受けられるという点では賛成です。

＊　明治と平成とでは子供の骨が育つための準備状態が違う。

10 日本臨床スポーツ医学会での提言から

2013年10月、熊本市において第24回日本臨床スポーツ医学会が開催されました。メインテーマとして「子どもの未来を支えるスポーツ医学」が掲げられ、その特別講演「スポーツ医学の過去・現在、そして未来への提言」においてスポーツ医学の立場から未来への提言を行いました。その「提言内容」[28)]をここに供覧し、解説の部分で最近の考えを加味して述べたいと思います。内容は、6項目に分かれます。

(1) スポーツ医学の内容は社会の要請により変わる

【解説】スポーツ医学の定義づけは、人により様々な考え方があり、論争は絶えませんが、歴史的に眺めると、その時々の時代の要請によって重点を置くべき内容が異なっているのが論争の原因ではないかと思われます。

1930年代の富国強兵の「体力増強を中心とした医学」から、1964年の東京オリンピックをきっかけとした「競技スポーツ」へ、さらに今後は「健康スポーツ医学」に重点が置かれるべきであろう、ということになります。

(2) 高齢社会対策における世界のトップランナーとして(メタボ対策・ロコモ対策を含めた)ヘルスケアシステムを確立する

【解説】現時点での高齢社会対策の中心は、メタボ対策やロコモ対策になっていますが、それには健康・医療という厚労省の仕事の中にスポーツ・体育という文科省の仕事を位置づけなければなりません。幸いスポーツ庁が発足したのでまさにここが中心となってリーダーシップを発揮していくことが期待されます。

(3) 個人の年代に応じたスポーツ活動が可能となる環境づくり

【解説】わが国においては各年代に応じた体育やスポーツを行う機会がそれぞれ提供されています。しかし管理者目線で、指導者の資質により内容が限定されているのが実情です(管理者の都合でプログラムが提供されていることが多い。受益者はもっときめ細かい、受益者に合ったものを求めている)。一人の個人が一生を通じてスポーツを生活習慣に取り入れていくにはかなりの努力が必要とされます。行政は個人目線でのスポーツができる環境を是非、提供していただきたいものです。

①まず「１００年耐用性のある運動器の獲得が必要である」という教育が義務教育の中で行われことが前提となります。

②それには「保健体育」の内容が科学的根拠に基づいた、子供たちにも説得力のあるもので、運動を続けていくための動機づけを与えるよい機会とならなければなりません。指導の先生が身をもって手本を示さなければ子供たちは理解しないでしょう。「体育嫌い」の先生は、体育嫌いの子供をつくってしまうことが懸念されます。指導に当たっては前述のような発育期の運動器の特質を理解したうえでの指導が望まれます。

学校体育が中途半端な場合や体育嫌いの子供には、運動をする別の機会が与えられなければなりません。地域のスポーツセンターや民間のスポーツクラブは様々なプログラムを提供しています。しかしアクセスの制限や経済的な制限もありますので、義務教育での充実が必要なのです。

③在職者ではスポーツや運動のための時間が取れないというのが、大きな理由となっています。現在「働き方改革」などが謳われていますが、もう一歩前進して「スポーツ権の確立」まで進んで欲しいと思います。一般市民の運動に対する要望が強まることによって、自治体の対応もそれに応じたものになると思います。

④高齢者の関心は、もっぱら自身の経済と健康問題にあります。年代別のスポーツ活動の調査でも、高齢者のスポーツや運動への参加意識は高く、それに伴って体力的にも従来の高齢者よりは10歳以上も若返っているといわれています。しかし高齢になると肉体的な衰えや医学的な障害を伴うことが多く、予備力不足から事故につながる危険性もあります。そのため高齢者に対しては、若い人たちに対するのとは異なる指導内容が提供されなければなりません。事故や運動に伴う痛みの誘発に備えるには、体力面と医学面からのチェック（いわゆるメディカルチェック、横浜市スポーツ医科学センターではスポーツ版人間ドックと称して実施しています）を受けるのが理想的です。その結果、内科的問題や整形外科的問題などに応じて運動内容が用意されます。したがって、特に疾患をもっている人には適切な運動処方のもとに指導のできる専門的指導者の育成が重要な課題となります。とくに内科的な疾患（心疾患）あるいは整形外科的疾患（変形性膝関節症、脊椎管狭窄症）があっても、的確な再建手術を受けることにより、さらにスポーツ寿命を延ばすことができれば健康寿命の延伸にもつながります。いずれにせよ術前術後の筋力トレーニングを活用した運動療法・リハビリテーションは大前提となります。

(4) 地方行政に望むこと

【解説】次に行政に移ります。前述したように、高齢期に備えての縦断的なヘルスケアシステムの確立が必要です。中央の縦割り行政では、体育から始まり健康・医療・介護へとつながる連携はなかなかつくりにくい面もあるかと思います。しかし、地方自治体では部局の距離が縮まるので教育委員会・健康福祉局・体育協会などが横の連絡をとり、市民の健康・介護予防につながる可能性は大きいと期待できましょう。

スポーツや健康運動のスローガンのもとに健康づくりや医療・介護費用の削減を目指してきている自治体は各地にみられます。しかし、とかく健康志向の強い住民が対象となりやすく、乗り遅れた人たちはその恩恵を受けにくいと思われます。

義務教育で動機づけがなされ、発育期に骨や筋肉の適切な成育があってこそ成人になってからの努力に効果があるのです。それには、いわゆるスポーツ・体育の世界と健康・医療・介護の世界とが結びつかなければなりません。

一例をあげれば、教育委員会（発育期のスポーツ）から始まり、市民活力推進局（生涯スポーツ）、さらに健康福祉局（高齢者体力づくり）の介護予防へとつながればよいのです。地域の場合には体育協会が国のスポーツ庁の役割を果たします。

Y市における待機児童の解消例のように、地方から中央へとモデルケースを発信できた部局もあるので、要は首長次第といえます。なお、参考のために待機児童解消の際には、Y市では特別に子ども担当の部局を設けたそうです。

(5) 中央政府に望むこと

【解説】スポーツ庁を中心とする中央省庁には以下のことが望まれます。

①前述のようなヘルスケアシステムが地域で確立されれば、その成功モデルをまとめ全国に紹介することです。できれば中央のリーダーシップでモデル事業を推進できれば素晴らしいことですが、目下のところは２０２０東京オリンピックを控えて事業化は難しいかもしれません。しかし今から準備の助走をしていなければ、いざという時にスタートはできないでしょう。

②わが国でスポーツ・体育から健康・医療・介護へとつながるヘルスケアシステムが確立されれば、高齢社会対策のトップランナーであるわが国が、このシステムを「知財」としてグローバルに輸出することも可能となるでしょう。

③また中央政府は、オリンピック関連事業のように一国を代表する仕事を継続していくべきだと思います。「１９６４東京オリンピックの追跡調査」事業がその代表的

な例ですが、この事業は当初は国際的な申し合わせで他の国もそれぞれ実施する手はずだったそうです。結果的に諸事情で継続したのは日本だけとなったようで、今となってはそれが世界遺産的な事業となったわけです。

④わが国は、明治以来の中央集権国家で、文科省のもとで体育科教育が行われてきました。現在のような超高齢社会における「体育」の役割のように、医学に近づいた教科は「保健体育」として「理科」に準ずる教科として時代の要請に合った内容に改めるべきでしょう。

(6) 日本臨床スポーツ医学会の役割

【解説】 最後に、日本臨床スポーツ医学会について要望を述べさせていただきます。この学会は、スポーツドクター・スポーツ医・その他理学療法士など、スポーツ医療関係者が所属する医学会で、1980年代に日本体育協会・日本整形外科学会・日本医師会が三者三様のスポーツドクター（医）制度を発足させた機会に共通の土俵をつくる意図で1989年に設立されました。

ご存知の通り医学会は任意団体で、国や省・庁の枠にとらわれない中立的な立場で発言できる場で、日本医学会の分科会として認められています。

２０１５年４月には第29回日本医学会総会が京都で開催され、日本臨床スポーツ医学会も加盟記念の講演会を開きました。そのなかで私も、「わが国におけるスポーツ医学の歩みと今後」というテーマで講演し、「子供の体育もメタボ・ロコモ対策のための予防医学の一環としてとらえ、高齢にいたるまでのスポーツや身体運動を積極的に活用した健康・医療戦略システムの構築が必要である」ことを訴えました。

また学会には、学術委員会もあり、子供のスポーツ指導のあり方について臨床各科が知恵を集めて包括的な立場からの提言もできます。その結果、整形外科部会が中心となって前述の提言「子供の運動をスポーツ医学の立場から考える ～小中学生の身体活動が運動器に与える効果～」を作成しました。ここでは、**図21**に示したように三つの提言がなされています。

これは次回の指導要領の改定（平成30年？）を視野に入れて、現場の先生方の指導に役立てていただくために、科学的根拠を医学の立場から提言したものです。

近世わが国の歴史を顧みると、医師はオピニオンリーダーとしての大きな先駆け的な役割を果たしてきました。医師は、職業に束縛されず比較的自由に発言できる立場にあるので、１００年の計を語るには適していたからだと思います。中国では革命家の孫文や作家の魯迅はまず医師になることを志し、やがて中国革命につなげたといわれています。それも日本の明治維新に先駆けて改革を発信したのが医者であったか

日本臨床スポーツ医学会
学術委員会
整形外科部会からの提言

提言 1.

超高齢社会では，運動嫌いやスポーツ嫌いな子供を作らないために，運動やスポーツなど身体を動かすことが「楽しい」あるいは「楽しかった」と感じられる「子供目線」の体育指導が必要である。

提言 2.

小学校 1 ～ 3 年生では，基本動作や基礎体力を向上させることを目的とした授業（跳ぶ動作をする運動を含める）を行う。小学校 4 年生～中学校 1 年生では，身体活動時間の増加を目的に体育授業の時限数を増やし，指導内容の中に「ハイインパクト・エクササイズ」を追加する。

提言 3.

子供時代の運動やスポーツを生涯にわたる健康・医療戦略の入り口と位置付け，小・中学生に対する学校教育（体育および保健体育）では，その重要性を科学的根拠に基づいて指導する。

図 21　日本臨床スポーツ医学会学術委員会整形外科部会からの提言

ら、それを手本としたのだともいわれています[29]。

子供のスポーツから始まる超高齢社会における健康医療戦略は、１００年待たないと結果は出てきません。科学的な根拠に基づいて幼小学期から医療戦略を立てるという構想はなかなか想像できないことかもしれませんが、幾多の未来学者はその可能性を示唆しています。多くの読者がこのような考えを理解し政治の社会に反映していけば、政策的にも可能となるのではないでしょうか。

11 第2期スポーツ基本計画に対する見解

２０１７年3月に「第2期スポーツ基本計画」が策定されました。このなかから子供の体育・スポーツを中心とした政策をいくつかみていくことにします。これは国のスポーツ行政の今後5年間を見すえたものなので、期間的に限定されざるをえないわけですが、子供に限っては長期的な展望を視野に入れなければならないのは当然であり、**長期の中の5年**というスタンスが望まれると思います。

(1) ２０１１年にスポーツ基本法が公布・施行されましたが、２０１７～２０２１年がその2期目の5年間になります。第1期では七つの政策目標のうちの一つに「学校と地域における子供のスポーツ機会の充実」がありましたが、この間の反省点として、「子供のスポーツ機会の充実については、新体力テストの合計点がほとんどの年代で向上傾向となる一方、体力水準が高かった昭和60年頃と比較すると依然として低い水準である」と記載されています。

これについて、具体的施策としては、「国は、体育・保健体育の学習指導要領の改訂において、体力や技能の程度、障害の有無及び性別・年齢に関わらず、スポーツの多様な楽しみ方を社会で実践できるよう、指導内容の改善を図ることにより、生涯にわたって豊かなスポーツライフを実現する資質・能力の育成を図る」としています。

われわれとしては、これまで日本臨床スポーツ医学会の「提言」や各種講演会を通じて訴えてきた、**科学的根拠に裏づけられた指導内容が指導要領の改定に生かされることを期待**しています。

(2) また学校体育に関する現状と課題の中で、「スポーツが好きな子供の割合は、小学5年生と比較し中学2年生が低く、特に中学生の女子は2割以上が［嫌い］［やや嫌い］であり、運動習慣の二極化がみられる」ことにも触れています。前述したように、小学校低学年では体育嫌いがいなかったのに、学年が高じるにつれ「体育嫌い」がつくられてくることと関連していると思われます。体育嫌いの女子生徒はやがて成人になってもスポーツや運動と縁のない大人となり、以下の数字になって表われてくるのではないかと思われます。すなわち、第1期基本計画の反省点として、「ライフステージに応じたスポーツ活動の推進については、成人の週1回以上のスポーツ実施率が42・5％にとどまるため、ビジネスパーソン、女性、障害者、これまでスポーツにかかわってこなかった人がスポーツに親しむ環境づくりが必要である」と述べています。

「スポーツを通じた女性の活躍促進」の項では、［現状と課題］のなかで、「中学生の女子の21・7％が、スポーツが［嫌い］［やや嫌い］であり、運動習慣の二極化が見られる。20代～40代の女性のスポーツ実施率が特に低い（週1回以上28・2％）。このような指摘があるものの［具体的施策」のなかでは、小学校の体育からつくられてきたであろう「体育嫌い」についての分析が見当たりません。

これまでの種々の分析結果に基づき、指導者の都合による目線から、子供目線の指導に改めないと「体育嫌い」はなくならないと思われるのですが。

女子のスポーツ嫌いは、「誤ったダイエット」情報とあいまって将来の骨粗鬆症予備軍となりかねないため、骨の成育に重要な発育期を逃さずによい指導内容を提供することが望まれます。このあたりに「子供は成長していく」（高齢になった時の身体基盤がいまつくられている）という長期的な視点を是非取り入れて欲しいと思います。

(3) スポーツを通じた共生社会等の実現の項では、スポーツを通じた健康増進を期待しています。

ここでは健康寿命の延伸に効果的な「スポーツプログラム」およびスポーツの習慣化や健康増進を推進する「ガイドライン」の策定・普及を図る等々の目標が掲げられています。なかでも運動プログラムの提供による医療費の抑制効果が期待されており、その理由としてN県M市における3年間の運動プログラム実施による医療費抑制の成果が実例としてあげられています。しかし短期的にはともかく長期的には課題もあるようで、むしろここでは、**健康寿命の延伸による生活の質の向上**や、働き方改革とも歩調を合わせ後述する**年金対策を視野に入れた社会保障費の削減に的を広げた長期的な意義**も含めて説いて欲しかったと思います。

12 超高齢社会の健康・医療戦略は子供の体育から

❶ 社会保障費を取り巻く意見

超高齢社会に入ってますます増え続ける社会保障費に対して、現在のところ具体的な抜本策は提案されていないようです。

医療費に関しては、スポーツ基本計画でもその削減が期待されていますが、一方では、「ロコモ予防対策は、メタボ健診などと同様、短期的な医療費を削減するというデータは散見されますが一生涯の医療介護費を削減できるという医療経済学的な根拠はありません」（日本経済新聞2017・1・10、康永、「やさしい経済学」）ともいわれています。

しかし、医療介護費用に関しては、健康寿命の延伸がその後の「不健康な期間」の短縮につながることが期待されることのほか、介護の不要な期間におけるＱＯＬの向上は、人生にとって得難いものになると思います。

とくに年金に関しては、子供の時からの健康な運動器の育成は、老後の経済的な不安を軽減する点で特筆されるべきものではないでしょうか。前述のように最近では定年制を設けなかったり、80歳まで定年を延ばすというような企業も現れています。80歳まで働くには100歳まで機能する運動器が必要になると考えなくてはなりません。これは厚労省の課題というよりは文科省の範囲の政策であり、まさにスポーツ庁の出番であります。今後のスポーツ基本計画の中、あるいは**超党派の政策として打ち出されてくることが期待されます**。

これこそまさに「体育に対するスポーツ医学からの期待」であり、この本を執筆した理由であるといいたいのです。

❷ 2020東京オリンピック・パラリンピックのレガシー

アメリカでは、ACSM（アメリカスポーツ医学会）が「Exercise is Medicine」というスローガンのもとに健康教育を行っています。これは「スポーツ」や「身体を動かすこと」が「広義の医療」に入ってきていることを意味します。

わが国では、中高年のメタボ対策、高齢者のロコモ対策などに行政は力を注いでいますが、いささかシルバー民主主義に偏っていると思います。

限られたスポーツ行政の予算を効果的に使うには、子供の体育に投資するのも「教育経済学」の立場からも一理あるのではないでしょうか[1)]。

社会保障費の補填のために、若い世代に債務を残さないようにすべきだという論調に応えるためにも、若い世代へコストパフォーマンスのよい「スポーツ・体育という健康投資」を行うことこそ「国家100年の計」に相応しい政策であると思います。

社会保障と安全保障はこれからの国家の重要な政策ですが、いずれも人間の基盤である「体力」がキーワードになります。それだけに、過去の「体力」が「富国強兵」にすり替えられた時代にもどらないように、「子供目線」の「楽しい体育」から新しい「スポーツ文化」の熟成につながって欲しいものです。そうなってはじめて「オリンピック」開催を支持する人が今よりももっともっと増えてくるのではないでしょうか。

1964東京オリンピックでは、オリンピックを契機としてスポーツの普及やスポーツ医科学が広く評価されるようになったと思っています。2020東京オリンピック・パラリンピックを契機として、「**子供の体育を健康長寿社会における健康医療戦略の入り口**」と位置づけられるようになれば、これこそ素晴らしい遺産になると思います。

あとがき

「小学校の体育」というのは、誰もが通ってきた、当たり前のような過去の思い出の一コマに過ぎないかもしれません。

しかしなぜ、スポーツ医学という切り口でこの問題に検討を加えてみたか、多くの方に理解していただくために、もう一度論点を整理してみたいと思います。

まず最も重要なことは時代背景で、わが国がいまだかつてない「超高齢社会」に突入しているということです。

これからの子は１００歳くらいまで生きる可能性のある長寿社会の一員となるわけです。そこでは高齢になっても健康である身体が医学的な保障を与え、同時にその恩恵が経済的な保障も確保しうるわけです。しかもそのための身体インフラは子供の時から形づくられてくるものであり、なかでも体育の時間はかけがえのない絶好の機会であると考えるからです。

今日の時代だからこそ、これまでと違った認識で「体育」に臨み、そのために「体育」に医学の立場からの科学的根拠を与え、見直しを図りたいのです。

もう一つは、「体育」における勘違いをなくすことです。

本書では子供たちの「運動嫌い」「体育嫌い」を取り上げてきましたが、大人のなかにも同じような人がいます。とくに作家や評論家のなかには、子供の頃の思い出話として運動が嫌いであったことや、体育はいつも見学していたなどと述べている人もいます。

運動能力のもととなる筋肉には特質があり、大まかに短距離向きの速筋優位のタイプの人と長距離向きの遅筋優位の人とに分けられます。その特質の結果としてのパフォーマンスに違いが出るのが「走る」「跳ぶ」などの動作で、応用動作のボールゲームでも速筋優位の子供がいい思いをすることが多くなりかねません。その頂点が運動会で、さまざまな工夫はされているとは思いますが、運営の都合もあってか短距離走やリレー競争で自分の運動能力の特質を知らされることになってしまいます。だからといって競争を避けるというのも理解しがたい考え方だと思いますが。

遅筋優位の運動嫌いの人たちが、やがて何らかの機会に持久走で自分の運動能力に開眼することもよくある話です。人間の運動能力はさまざまで、体育で教わった運動やスポーツ以外にもいろいろな種目に挑戦してみることを子供たちにすすめることも大切だと思います。小学校の体育ではそこまで必要ないと考える人もいるかもしれませんが、このようなスポーツ科学の知識は今では定説となり、子供向けの漫画も出版されているので、好奇心の強い子は図書館などで知識を広めているでしょう。

「体育嫌い」の先生が、「体育嫌い」の子供を再生産する可能性があることについても触れましたが、そのような先生が、自分の持久能力に目覚めて「運動好き」になることもあるのではないでしょうか。

今でこそ女子のマラソン競技は当たり前のように行われていますが、第1回東京国際女子マラソンが行われたのは1979年で、わずか38年前のことです。当時、日本の代表選手のなかには趣味のジョギングから入って才能を開花した中年の市民ランナーも珍しくありませんでした。

人の運動能力は筋組成によって異なる可能性があり、小学生のときのたまたまの運動動作で、それがあたかも個人の能力であると勘違いさせないように、基本的なスポーツ科学の知識を「体育」の時間に教えることは、生涯スポーツをうまく動機づける意味できわめて重要であると思います。

さらに重要なことは、先生と生徒との関係で、いわゆる「供給者」が「受益者」を満足させているかどうかということです。

堺屋太一氏の著書でも世間一般の事柄として言及されていますが、供給者は受益者が納得いくものを提供しなければこの仕組みはうまく機能しません。

本書の最初に述べましたが、スポーツ医療で患者ファーストのスポーツ整形外科が受け入れられたのは、受益者のニーズに応えようとしたからではないかと思っています。学校では子供たちが見たいもの、知りたいことを教えてあげなければ、子供たちは指導の先生に対して不満をもつでしょう。これが「管理者目線」に対する「子供目線」です。体育の他にも多彩な教科の指導に当たらなければならない担任の先生方の苦労も身近に拝見しましたが、根源は指導者に対する養成システムがまだ未熟なことにあると思います。この点は広く「スポーツ指導者」と「プレーヤー」と置き換えることもできます。実際には、指導者が満足に教えられなければ、プレーヤーは指導者を変え、自分を伸ばしてくれるような指導者に移ればいいのです。しかし「小学校の体育」は義務教育で、先生を簡単に変えるわけにはいきません。先生には子供たちが高齢になった時の姿を想像して指導に当たっていただくことが望まれます。そして何といっても子供たちに「体育が楽しく、意義のある」ことだと理解してもらわなくてはなりません。

稿を終えるにあたり、資料の提供にご協力いただき、また取材にあたり多大なご教示をいただいた横浜市立小学校・川崎市立小学校・東京都中央区小学校の有志の先生方、元横浜市教育長・元藤沢市教育委員長・その他スポーツ医学・体育関係の諸先生に厚く御礼申し上げます。

文献と参考図書

1) 中室牧子.「学力」の経済学. 東京, ディスカヴァー21社, 2015, p. 78, p. 82, pp. 142-158.
2) 中嶋寛之. スポーツ外傷としての膝内障. 整形外科 1973; 24: 373-378.
3) 柳田邦男. 最新医学の現場. 東京, 新潮社, 1985, pp. 212-221.
4) 日本整形外科学会 編. ロコモティブシンドローム診療ガイド. 東京, 文光堂, 2010.
5) スポーツ庁 (スポーツ審議会答申). 第2期スポーツ基本計画について. 平成29年3月1日.
6) 日本体育協会 監修, 菊　幸一 編著. 現代スポーツは嘉納治五郎から何を学ぶのか オリンピック・体育・柔道の新たなビジョン. 東京, ミネルヴァ書房, 2014.
7) 小野三嗣. 日本における体力医学研究の歴史と展望. 東京, 大修館書店, 1991.
8) 友添秀則 編. スポーツのいまを考える. 東京, 創文企画, 2008, p. 9.
9) 中嶋寛之. 日本臨床スポーツ医学会15周年記念誌発行にあたって. 日本臨床スポーツ医学会誌 2005; 13: 1-3.
10) 英『エコノミスト』編集部. 2050年の世界 −英『エコノミスト』誌は予測する. 東京, 文藝春秋, 2012, pp. 52-62.
11) ヨルゲン・ランダース (野中香方子 訳). 2052 今後40年のグローバル予想. 東京, 日経BP, 2013, pp. 242-244.
12) アレックス・ザヴォロンコフ (仙名　紀 訳). 平均寿命105歳の世界がやってくる −喜ぶべきか, 憂うべきか. 東京, 柏書房, 2014, pp. 14-15, pp. 140-141, pp. 230-232.
13) リンダ・グラットン, アンドリュー・スコット (池村千秋 訳). LIFE SHIFT (ライフ・シフト) −100年時代の人生戦略. 東京, 東洋経済新報社, 2016, pp. 1-10.
14) グレン・ハワード, ティム・ケイン. なぜ大国は衰退するのか −古代ローマから現代まで. 東京, 日本経済新聞出版社, 2014, pp. 237-242.
15) 林　黍史. 高齢者の介護と運動器障害の現状. Modern Physician 2010; 30: 470-472.
16) Micheli LJ. Overuse injuries in children’s sports; the growth factor. Orthop Clin North Am 1983; 14: 337-360.
17) 日本臨床スポーツ医学会学術委員会 産婦人科部会. 日本臨床スポーツ医学会学術委員会 活動報告. 日本臨床スポーツ医学会誌 2014; 22: 198-199.
18) 日本臨床スポーツ医学会 学術委員会 整形外科部会. 子供の運動をスポーツ

医学の立場から考える ～小・中学生の身体活動が運動器に与える影響. 2016.
19) MacKelvie KJ, et al. Is there a critical period for bone response to weight-bearing exercise in children and adolescents? A systematic review. Br J Sports Med 2002; 36: 250-257.
20) 日本体育協会. 平成24年度スポーツ医科学研究報告III 一流競技者の健康・体力追跡調査 –第12回東京オリンピック記念体力測定–. 平成25年.
21) 星川淳人 他. Former elite athletesの骨密度 –50年にわたる東京五輪記念体力測定の解析から–. 日整会誌 2017; 91(3): S700.
22) Detter F, et al. A 6–year exercise program improves skeletal traits without affecting fracture risk: a prospective controlled study in 2621 children. J Bone Miner Res 2014; 29: 1325-1336.
23) 日本体育協会. 世界の国々に見る子供のスポーツを取り巻く環境. Sports Japan 2012. 特別号 (11-12), p. 15.
24) 社会実状データ図録. 肥満比率の各国比較. OECD Health Deta (28 June 2012).
25) 秦泉寺尚 他. 宮崎県における体育・運動嫌いの実態と嫌いにさせる要因に関する研究. 宮崎大学教育学部紀要 1993; 74: 23-43.
26) 賀川昌明 他. 小学校高学年児童の体育授業に好意度を決定する要因分析. 鳴門教育大学学校教育実践センター紀要 2002; 17: 159-165.
27) 日野林俊彦. 思春期と環境 –発達加速現象の視点. 成長科学協会研究年報 2009; 33: 229-232.
28) 中嶋寛之. スポーツ医学の過去・現在, そして未来への提言. 日本臨床スポーツ医学会誌 2014; 22: 6-15.
29) 新井保男. 生きる糧となる医の名言. 東京, 中央公論新社, 2006, p. 204, p. 218.

［その他以下の資料を参考にしました］
中嶋寛之. スポーツの運動器健康に対する役割. 日整会誌 2015; 89: 1025-1036.
厚労省. 健康増進法の概要 (平成15年).
文科省. スポーツ立国戦略 (平成22年).
文科省. スポーツ基本計画 (平成24年).
堺屋太一. 平成三十年, 朝日文庫, 2004.
堺屋太一. 「平成三十年」への警告, 朝日文庫, 2004.
平成26年度川崎市立虹ヶ丘小学校校内研究会, 第3回学習指導案.
川崎市立虹ヶ丘小学校. 豊かな学び輝く子. 2015年度研究紀要.
川崎市立虹ヶ丘小学校. 豊かな学び輝く子. 2016年度研究紀要.
岸野雄三 他編. 近代体育スポーツ年表 (三訂版). 東京, 大修館書店, 1999.

著者略歴

中嶋　寛之（なかじま　ひろゆき）

東京大学名誉教授，日本体育大学名誉教授

1936年　藤沢生まれ
1954年　神奈川県立湘南高校卒業
1960年　東京大学医学部医学科卒業、東京大学医学部整形外科教室入局
1965年　東京大学大学院修了（医学博士）
1980年　関東労災病院スポーツ整形外科を創設，初代部長となる
1982年　東京大学教養学部保健体育科教授
1996年　日本体育大学大学院教授
2006年　横浜市スポーツ医科学センター長（現在顧問）

スポーツドクター活動：メキシコ・サッポロ・サラエボ・カルガリーオリンピックにおける日本選手団本部ドクター、モントリオール（レスリング）・ソウル（女子バレー）・バルセロナ（女子バレー）オリンピックのチームドクターとして帯同する

社会的活動：日本医師会健康スポーツ医学委員会委員長（1998〜2004年）
日本体育協会スポーツ医科学専門委員会委員長（2001〜2007年）
日本体育協会指導者育成専門委員会スポーツドクター部会長（2001〜2007年）
第8回秩父宮記念スポーツ医科学賞大賞受賞（2005年）

著書：「新版スポーツ整形外科学」監修・執筆（2011年，南江堂）ほか多数

スポーツ医学の立場からみた小学校の体育
100年耐用性のある運動器を育てるために　（検印省略）

2017年９月１日　第１版　第１刷

著　者　中　嶋　寛　之
発行者　長　島　宏　之
発行所　有限会社　ナップ
〒111-0056　東京都台東区小島1-7-13　NKビル
TEL 03-5820-7522／FAX 03-5820-7523
ホームページ http://www.nap-ltd.co.jp/
印　刷　三報社印刷株式会社

ISBN978-4-905168-48-5